Eckart zur Nieden

Das große Buch der biblischen Balladen

Eckart zur Nieden

Das große Buch der biblischen Balladen

Der Fiesling im Riesling
Der Strolch im Lolch

Mit Illustrationen von Jörg Peter

BRUNNEN
Verlag Giessen · Basel

MIX
Papier aus verantwortungsvollen Quellen
FSC® C006701
FSC
www.fsc.org

www.brunnen-verlag.de

Lektorat: Eva-Maria Busch

Illustrationen: Jörg Peter (www.comiczeichner.de)

Umschlaggestaltung: Ralf Simon

Satz: DTP Brunnen

Druck: CPI Ebner & Spiegel GmbH, Ulm

ISBN 978-3-7655-4183-4

Inhalt

Der Fiesling im Riesling

Der Strolch im Lolch

Kain

Ich frage dich, den Mörder Kain:
Sag ehrlich, musste das denn sein?

Hast du nichts Besseres gewusst,
um Neid und Ärger, Hass und Frust

zu überwinden und zu tragen,
als deinen Bruder tot zu schlagen?

Unnötig wohl, dass ich das sage!
Gott selber stellte dir die Frage,

warum das Böse immer kauert
vor deiner Herzenstür und lauert.

Und du? Statt der Erwiderung,
statt freundlicher Verbrüderung,

hast du dem Bösen nachgegeben
und nahmst dem Bruder so das Leben.

Hast du schon nicht auf Gottes Mahnung
gehört, als hätt'st du keine Ahnung,

und seine Frage ignoriert –
klar, dass das nun auch mir passiert.

Vielleicht, wenn Gott so zu dir spricht,
weißt du die Antwort selber nicht.

Du warst ja neu auf dieser Welt,
sodass, vor ein Problem gestellt,

es nicht die Chance gab, zu fragen
und gar in Büchern nachzuschlagen.

So will ich's gerne dir erklären
und über alles dich belehren,

was in Jahrtausenden gereift
und sich an Wissen angehäuft.

Du warst der Eltern erstes Kind.
Nachdem sie nun vertrieben sind

von Gott aus seinem Paradies –
was Schweiß und Tränen nur verhieß –

da kamst du grad zur rechten Zeit.
Sie hab'n in Not und Traurigkeit,

Verzweiflung und in dunklen Stunden
in ihrem Söhnchen Trost gefunden.

Stets standest du im Mittelpunkt.
Und wenn da einer zwischenfunkt,

wie's dann mit Bruder Abel ging –
na klar, da wehrt sich so ein King.

So war dann Abel, dieser Gute,
gehasst und unter deiner Knute.

Den ersten Platz, den nimmt dir keiner!
Leicht war's, denn Abel war ja kleiner.

Doch eines Tags, zu deinem Schrecken,
beim Opfer, musstest du entdecken:

„Gott sieht ganz anders auf die Dinge!
Dass ich dem Herrn ein Opfer bringe,

das gilt vor ihm, als wär' es keins!
Wieso? Ich bin die Nummer Eins!

Und dieses Opfer von dem Kleinen
wird angenommen, will mir scheinen!

Weil er ein Schaf nahm von der Weide,
und ich als Bauer nur Getreide?

Sein Opfer ist für Gott mehr wert!
Warum? Das find' ich unerhört!

Ich bin der Wichtigste, der Nabel
der Welt, und nicht mein Bruder Abel!"

So hast du leis für dich gesprochen.
In dir begann die Wut zu kochen.

Sie kochte heißer, immer mehr,
du schenktest Gott auch kein Gehör,

du warst voll Zorn, du sahst nur rot –
„Ha, Kleiner, wart! Ich schlag' dich tot!"

Wie sagte doch schon Friedrich Schiller?
„Die Axt im Haus erspart den Killer."

Bei Mördern zeigte sich auch später:
Die meisten sind Beziehungstäter.

Als Abel dann nach deinem Schlag
so regungslos am Boden lag,

da sprang dich das Entsetzen an:
„O Gott – was habe ich getan!"

Die Sache lief dir aus dem Ruder.
Da fragte Gott: „Wo ist dein Bruder?“

Das klang, als würde er's nicht wissen.
Dabei lag Abel dir zu Füßen!

Gott fragte, wie er immer fragt
und wartet, dass ein Sünder wagt,

vor dem Allmächt'gen sich zu beugen
und Reue für die Schuld zu zeigen.

Du sahst die Schuld nicht wirklich ein.
„Soll ich des Bruders Hüter sein?“

Der Mensch kann wohl sich selbst belügen.
Gott aber lässt sich nicht betrügen,

nicht ignorieren, nicht bestechen –
die Strafe folgt auf das Verbrechen.

Und alle, die noch nach dir kommen,
sind nun auch mit hineingenommen:

Wem Gott auf Erden ist nicht wichtig,
der bleibt unstetig nur und flüchtig.

1. Mose 4

Noah

Du, Noah, bist für ganz Europa
so eine Art Ur-Ur-Großopa.

Viel mehr: Es tragen auch noch jene
Millionen Menschen deine Gene,

die irgendwo in fernen Welten
auf Erden hausen oder zelten.

So steht es nämlich in der Schrift.
Das ist mir recht – was mich betrifft.

Ich bin ganz stolz, seit ich das weiß.
Im weiteren Familienkreis

wünscht' ich mir nämlich immer sehr
mal einen Schiffsbauingenieur.

Gott sah von oben auf die Welt,
sah manches, was ihm nicht gefällt,

beschloss, durch eine große Flut
zu tilgen alles, was nicht gut.

Als einz'ger frommer Mensch auf Erden,
da solltest du gerettet werden,

um so, da alles schief gegangen,
noch mal von vorne anzufangen.

Gott sprach: „Du musst mir jetzt vertrauen!
Beginne gleich ein Schiff zu bauen.

Hier, fern vom Meer, auf trocknem Land,
wo's nichts als Erde gibt und Sand."

Sonst sagte Gott ja nicht sehr viel.
Nur: „Lege diesen Kahn auf Kiel

von etwa hundert Metern Länge,
voll Kammern innen, voller Gänge.

Nimm Tannenholz, das lässt sich besser
bearbeiten mit Axt und Messer.

Und dann versuch's in zwei, drei Schichten
von Teer genügend abzudichten.

Dreimal im ganzen Schiff ein Deck.
Du brauchst viel Platz! Das hat den Zweck:

Du musst die, die mit dir verwandt,
und Werkzeug, Wasser, Proviant,

und neben vielen andern Dingen
auch noch die Tiere unterbringen.

Von jeder Art, die ich geschaffen,
von Würmern bis zu den Giraffen,

vom Elefanten bis zur Maus,
Libelle, Löwe, Luchs und Laus,

von Molchen wie von Krokodilen,
von Spinnen – kurz: Von all den vielen

Landtieren, die es gibt auf Erden,
soll je ein Paar gerettet werden.

Damit zu ihres Schöpfers Ehren
sie nachher wieder sich vermehren."

Da, Noah – denk' ich immer wieder –
fuhr dir der Schreck in alle Glieder.

Wie solltest du das konstruieren,
die Festigkeit nicht zu verlieren?

Der Wasserdruck war ja enorm!
Was war da wohl die beste Form,

dass alles hält und wenig leckt?
Kurzum: Das riesige Projekt

war voller höchster Problematik,
und du – null Ahnung von der Statik!

Das Unternehmen war gefährlich!
Doch, ich bewundre dich, ganz ehrlich!

Am meisten aber dein Vertrauen,
dies Schiff auf trocknem Land zu bauen.

Was Gott gesagt, war nicht nur peinlich,
es klang auch ziemlich unwahrscheinlich.

Ihr packtet's an. Ihr habt's gewagt
im Glauben, weil es Gott gesagt.

Da wurde Glaube auch zur Tat.
Und nach der Katastrophe hat

das Ende euch auch Recht gegeben:
Die Welt war tot – ihr wart am Leben.

Du glaubtest, trotz der Leute Spott.
Die fragten nämlich nicht nach Gott.

Der musste ihnen das verübeln.
Er ließ es regnen wie aus Kübeln.

Es goss vom Himmel vierzig Tage,
und auch von unten kam die Plage.

Welch ungeheure Wassermassen!
Die Flüsse konnten sie nicht fassen.

Die Welt versank mit Ach und Wehe.
Das Schiff jedoch hob's in die Höhe,

bis es die Flut getrieben hat
hin zum Gebirge Ararat,

um es hoch oben aufzubocken.
Die Erde wurde wieder trocken.

Und da verließ der Patriarche
mit Mensch und Tier die große Arche.

Das merke ich mir zur Vertiefung:
Ich wünsche mir nicht solche Prüfung.

Doch ein Vertrauen wie bei dir,
das, lieber Noah, wünsch' ich mir.

1. Mose 6–9

Abraham

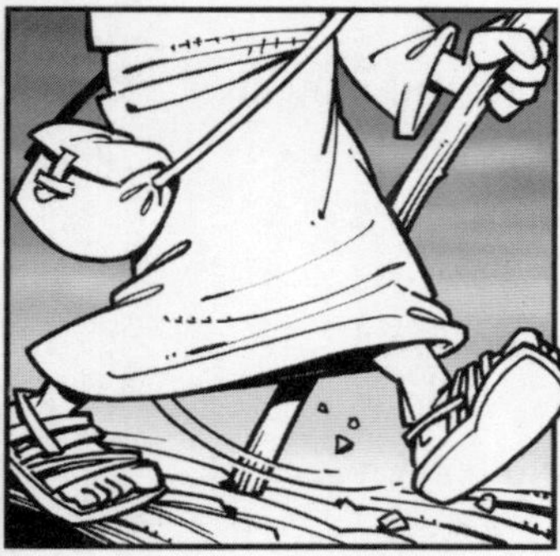

Du Glaubensvater Abraham,
der ferne aus Chaldäa kam,

der seine Heimat nur verließ,
weil Gott ein neues Land ihm wies –

wie war dein Leben durch Begegnung
mit Gott so reich und voller Segnung!

Das Reisen war in deiner Zeit
nicht grade voll Bequemlichkeit.

Und ohne Schutz war's sowieso –
ein ziemlich großes Risiko.

Auch gab es keine Straßenkarten.
Noch nicht mal Straßen. Und es harrten

– wohin ihr gingt und seid geritten –
nur Fremde, Feinde und Banditen.

Und trotzdem bist – wenn auch mit Bangen –
auf Gottes Wort du losgegangen.

Gemäß dem Motto, das stets gilt:
Treu will ich tun, was Gott befiehlt.

So seh ich dich mit Umhang, Stecken
und Beutel durch die Wüste trecken.

Vor dir die heiße, trockne Weite,
die schöne Sara an der Seite.

Und an der andern Seite schreitet
dein Neffe Lot, der dich begleitet.

Dahinter finden deine Herden
kaum Gras genug, um satt zu werden,

drum bleiben Schafe oder Ziegen
oft vor Ermattung einfach liegen.

Doch fern, noch hinter'm Horizont –
du weißt noch nicht, wer jetzt da wohnt –

da liegt das Land, das Gott verhieß.
Du hoffst und glaubst, erwartest dies,

denn Gott hat dich noch nie belogen.
Und darum bist du losgezogen.

Nun, Abraham, ich muss gestehen:
Es macht mir Mut, dich so zu sehen,

wie du, nur wegen Gottes Wort,
gehorsam gehst von hier nach dort.

Weil Gott dir Zukunft hat versprochen,
hast du die Brücken abgebrochen,

die dich in deinen Heimatlanden
mit Freunden und Kultur verbanden.

Es macht mir Mut, in meinen Tagen
auch manchen Aufbruch neu zu wagen.

Das heißt nun aber wahrlich nicht,
dass dieses Ziel, das Gott verspricht,

nur Glück wär, Freud' und Wohlergeh'n,
ein Wandern nur auf sonn'gen Höhn.

Der Weg ist mühsam und beschwert,
wie deutlich uns dein Beispiel lehrt.

So etwa, als fünf Heere kamen,
den Neffen Lot gefangen nahmen.

Es hat mich immer schon verwundert,
wie deine Knechte, gut dreihundert,

und die drei Freunde, Amoniter,
wild wie ein nächtliches Gewitter

ins große Feindeslager brachen
und jeden, der nicht floh, erstachen.

Ein großer Sieg für wenig Leute!
Und du verzichtetest auf Beute.

Ein Beispiel, dass nicht nur gefährlich
der Weg des Glaubens, auch beschwerlich,

ist, dass der Sohn, der erben sollte,
derweil partout nicht kommen wollte.

Und als er schließlich angekommen,
wurd' er dir wieder weggenommen –

zumindest musstest du das denken.
Dahinter stand des Herren Lenken!

„Nimm deinen Sohn, der dir so teuer“,
so sagte Gott, „nimm Holz und Feuer,

nimm einen Esel und zwei Knechte!
Geh nach Morija, weil ich möchte,

dass du ein Opfer bringst. Nun pack!
Geh hin und opfre Isaak!“

„Den Isaak? Auf dem Altar?
Das kann nicht sein! Das ist nicht wahr!

Gott lässt nicht Kind und Eltern leiden
wie der Gott Moloch bei den Heiden!“

Du konntest es dir nicht erklären.
Doch wenn Gott spricht, dann muss man hören.

So gingst du hin mit Angst und Bangen.
Gott aber wollt’ es nicht verlangen –

er hielt im letzten Augenblick
dich von der Schreckenstat zurück.

Er wollt’ nur deinen treuen, tiefen,
vertrauenden Gehorsam prüfen.

Du hast bestanden diesen Test.
Und ich? Ich halte dieses fest:

Wenn Gott mich sendet, will ich gehen.
Er wird schon dafür grade stehen.

1. Mose 12–25

Hagar

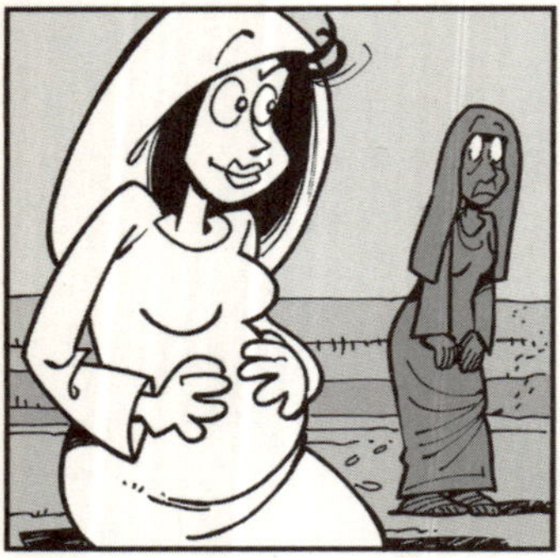

Ich hätt' dich, Hagar, gern gefragt:
Wie fühlt sich eine schlichte Magd

in der Funktion des Opferlammes,
dann Mutter eines ganzen Stammes,

so groß, dass man's nicht zählen kann?
Das alles ohne Ehemann!

Du dientest still von früh bis spät,
so unterwürfig wie's nur geht,

bescheiden und fast unsichtbar,
der Sara, die die Gattin war

von Abraham, dem Glaubenshelden –
denn Sklaven haben nichts zu melden.

Sie, die Hebräer, war'n Nomaden.
Nun zog sich wie ein roter Faden

der Wunsch bei Abraham durchs Leben,
Gott wolle einen Sohn ihm geben.

Gott hatte ihm das zugesagt.
Die Hoffnung war nun sehr gewagt,

denn für ein Kind war's reichlich spät,
seit Sara auf die achtzig geht.

Da sagte Sara sehr verdrossen:
„Der Herr hat meinen Leib verschlossen.

Du könntest, um das hinzubiegen,
durch Hagar noch ein Söhnchen kriegen.

Egal, wer dann die Eltern sind –
wir tun, als wär' es unser Kind.

Da machen wir nicht viel Theater –
Hauptsache ist, du bist der Vater."

Ihr Mann, in seinen alten Tagen,
der ließ sich das nicht zweimal sagen.

Was allerdings in Frage stellte,
ob Gottes Wort für ihn noch gelte.

Wir sehen, dass beim Glaubenshelden
sich doch ganz langsam Zweifel melden.

Du aber, Hagar, warst wohlauf.
Das ist nun mal der Dinge Lauf,

besonders unter den Nomaden:
Ein Kind im Leibe kann nicht schaden.

Besonders dann ist das sehr schön,
lässt froh dich in die Zukunft seh'n

und ruhig schlafen oder schnarchen,
ist dieses Kind vom Patriarchen.

Man klopfte damals nicht auf Holz,
doch warst du hoffnungsvoll – und stolz.

Der Stolz war falsch! Und auch sehr kindlich.
Und Sara – überaus empfindlich

durch Leidensdruck durch die Jahrzehnte,
wo sie ein eig'nes Kind ersehnte –,

sie, so erzählt es uns die Bibel,
sie reagierte sehr sensibel.

Dass unter ihr du leiden musst,
das macht dein Stolz und Saras Frust.

Und schließlich ist es ihr gelungen,
durch kleinliche Erniedrigungen,

durch Hass dich aus dem Zelt zu treiben.
Hier wolltest du nicht länger bleiben!

Nun warst du kopflos auf der Flucht.
Da hat ein Engel dich gesucht.

Er fand dich auf dem Weg nach Schur
und sprach: „Was, Hagar, machst du nur

allein an dieser Wasserquelle?
Geh heim zu Sara auf der Stelle!

Besieg den Stolz und sei bescheiden!
Du musst noch eine Zeitlang leiden.

Dann aber hast du was zu lachen:
Ich will zum großen Volk dich machen!“

Du warst gehorsam. Und recht schnell
gebarst du deinen Ismael.

Als er das Licht der Welt erblickt,
da musstet ihr nun den Konflikt,

Neid, Ärger, Wünsche und Begehren
behutsam unter'n Teppich kehren.

Dein Ismael – wie das so geht –
der kam schon in die Pubertät,

da kriegte Sara – neunzig schon! –
nun doch noch den versproch'nen Sohn.

Viel Zeit ist dir nicht mehr geblieben.
Du wurdest bald davongetrieben

mit nichts als Brot und Wasserschlauch.
Jedoch mit dem Versprechen auch,

das Gott dir seinerzeit gegeben:
Du und der Knabe, ihr sollt leben.

Fast wärt ihr noch vor Durst gestorben.
Doch die Erfahrung, einst erworben,

bestätigt' sich: Was auch geschieht –
„Gott ist ein Gott, der stets mich sieht."

Weil du's daheim im Zelt der Frommen
nicht überzeugend mitbekommen,

da überzeugt' Gott selber dich.
So überzeuge er auch mich!

1. Mose 16; 21

Jakob

Oh, Jakob, Mann voll Trug und List!
Weißt du, dass du ein Beispiel bist,

wie Gott zurechtbringt uns durch Gnade?
Was krumm wir machen, biegt er grade,

bringt mit Geduld ins Lot das Schiefe.
Deckt auf die niederen Motive,

prägt uns – mal hart und manchmal lind,
dass wir nicht bleiben, wie wir sind.

Auch dich musst' er zusammenstauchen –
dann aber konnt' er dich gebrauchen.

Dein Zwillingsbruder Esau kam
vom Jagen heim – im Herzen gram,

am Körper müd', im Kopf verdrossen.
Warum? Er hatte nichts geschossen.

Und draußen überm Feuer kochte
die Suppe, die er gerne mochte.

Der Duft von Linsen, Zwiebeln auch
und Hammelfleisch, Salz, Pfeffer, Lauch

und noch ein wenig Majoran,
der stieg ihm in sein Riechorgan.

Wie liebte Esau die Gerüche
aus deiner wohlbewährten Küche!

Ging auch das Wild ihm in die Binsen –
er war daheim, und es gab Linsen!

„Halt!", sprachst du, „das gehört nur mir!
Jedoch mit Freuden geb' ich's dir,

wenn du mir schwörst: Mit allen Rechten
soll ich vor Vater, Mutter, Knechten

und beim Besitz in unsern Zelten
nun als der Erstgebor'ne gelten."

So hast du Esau überrumpelt.
Er kam nur müde angehumpelt

und knurrte leise: „Meinetwegen!“
und aß, um sich dann hinzulegen.

Als dann dein Vater Isaak
erblindet auf dem Lager lag,

da dachte er, er müsse sterben.
Wer aber soll den Segen erben?

Er wollt sich keineswegs bequemen,
der Söhne Handel hinzunehmen.

„Was ich als Segen sprech, das gilt!
Drum, Esau, schieße mir ein Wild,

bereite mir ein Festmahl zu,
und dann – gesegnet wirst nur du!“

Da zogst du Esaus Kittel an,
der roch nach Erde, Schweiß und Mann,

und tatst dir listig Fell um deine
ganz unbehaarten Arm’ und Beine.

„Ich, Esau, bin’s, dein Filius!“,
sprachst du und gabst ihm zum Genuss

ein Lämmchen, denn das schmeckt gewöhnlich,
wenn’s gut gewürzt, dem Springbock ähnlich.

Und so geschah denn auch das Schlimme.
Zwar irritierte ihn die Stimme,

doch nach dem guten Abendessen
war seine Skepsis bald vergessen.

Nichts hinderte ihn mehr, den Segen
auf seinen zweiten Sohn zu legen.

Du hast den Vater frech belogen
und deinen Bruder auch betrogen!

Das wurde dir erst richtig klar,
als dir's auch so ergangen war.

Denn du bist selbst betrogen worden
von Onkel Laban, weit im Norden.

Er nutzte, weil du viel geschafft,
ganz schamlos deine Arbeitskraft.

Und deine Liebe: Er schob munter
dir noch die falsche Tochter unter.

Da hast du langsam erst begriffen:
Hier hat mich Gott zurückgepfiffen!

Nur weg von Laban, diesem Flegel!
Du flohst mit Frauen, Kind und Kegel.

Du wolltest ja nach Kanaan
und sprachst: „Ich hoffe, dass ich dann

nicht Esau in die Arme laufe!
Ich käm' vom Regen in die Traufe!"

Gott, der nicht mit sich spotten lässt,
gab dir dann schließlich noch den Rest,

als er dir nachts entgegenkam:
Er schlug dich an der Hüfte lahm.

Damit dir's ins Bewusstsein sinke:
Wenn ich nach Kanaan jetzt hinke,

voll Angst, von eigner Kraft verlassen,
kann ich doch Gottes Hand erfassen.

Und er fasst mich. Als „Gottesstreiter",
als Israel, zieh ich nun weiter.

Da seh' auch ich, dass Hinterlist
bei Gott nicht akzeptabel ist.

Den Segen zwingen durch Betrug?
Gott schenkt ihn uns. Das ist genug.

1. Mose 27–35

Josef

Du, Kanzler Josef, machst mich froh,
als rechte Hand des Pharao,

der grad noch saß in großer Not
im Knast bei Wasser und bei Brot.

Du machst mich froh, weil ich hier sehe:
Gott hat bei allem Wohl und Wehe,

das je uns widerfahren kann,
ganz sicher einen guten Plan.

Als Knabe hast du immer wieder
geärgert deine ält'ren Brüder.

Voll Neid, wie Brüder manchmal sind –
denn du warst Vaters Lieblingskind –

sie warfen dich in die Zisterne.
Ne Karawane aus der Ferne,

die grade ihres Weges kam,
dich mit ins Land Ägypten nahm.

Du kamst wahrscheinlich nie zurücke –
sie kriegten zwanzig Silberstücke.

Dort in der Sklaverei am Nil,
da galtest du zunächst nicht viel.

Doch im Palast des Potifar,
der Pharaos Minister war,

da stiegst du auf zum Hausverwalter
ein toller Job – in deinem Alter!

Denn du warst fleißig und geschickt,
und was du machtest, ist geglückt.

Wie's oft so geht bei den Soldaten,
Politikern und Diplomaten,

so war's auch hier: Die Pflicht, die rief.
Zu Hause hing der Segen schief.

Er machte Politik, und seine
Gemahlin saß zu Haus alleine.

Ihr Blick fiel wieder, wie schon oft –
für dich dagegen unverhofft –

auf den sympathischen Hebräer.
Und sie kam langsam immer näher

und machte zärtliche Avancen.
Sie zeigte deutlich: Du hast Chancen,

erdreistete sich, nicht zu geizen
mit ihren femininen Reizen.

Du sprachst: „Oh nein, Frau Potifar!
Wie könnt ich mich so undankbar

vor meinem guten Herren zeigen!
Vom Herrn im Himmel ganz zu schweigen!“

Doch als sie dich am Umhang zerrte,
der fromme Sklave sich noch sperrte,

da ließ ihr dieser das Gewand,
floh aus dem Zimmer und entschwand.

Fromm war das, Josef, und sympathisch,
doch leider nicht sehr diplomatisch.

Grad’ hatte sie dich noch begehrt –
doch als du sie nun nicht erhört,

da änderte sofort sich das
in arg verletzten Stolz und Hass.

Die Dame kreischte wie am Spieß
und drehte diesen um: sie ließ

die Knechte eilen, dich zu fangen,
und sprach, von dir sei's ausgegangen.

Und kurz darauf – welch ein Verhängnis! –
kamst du ins große Staatsgefängnis.

Ja, manchmal könnte man wohl meinen,
dass Gott im Himmel all die Seinen

nicht mehr so recht im Blick behält
bei allem Unrecht dieser Welt.

Dass dies nicht stimmt, woll'n wir noch sehen.
Zwar will ich gerne zugestehen,

dass man es manchmal lang nicht sieht,
dass nichts ohn' Gottes Plan geschieht.

Hier allerdings zeigt es sich klar:
Wer glaubt, den führt Gott wunderbar!

Deshalb erfreut mich dein Erlebnis
mit diesem herrlichen Ergebnis:

Im Knast, in diesen dunklen Zeiten,
zeigt' sich: Du konntest Träume deuten.

Das sprach sich rum. Du klärtest so
auch einen Traum des Pharao.

Es kämen sieben wunderbare,
gesegnete und fette Jahre,

danach noch mal die gleiche Zeit
mit Hunger, Dürre, Trockenheit.

Die reinste Umweltkatastrophe!
„Was ist zu tun?“, sprach man bei Hofe.

Du sagtest: „Gute Vorratshaltung!
Nur eine Sache der Verwaltung,

der Planung und des Baus von Scheuern,
der Preise und der richt'gen Steuern.“

Als alle nun „Wer kann das?“ raunten
und deine Klugheit sehr bestaunten

und alle sparten nicht mit Lob,
sprach Pharao: „Mach du den Job!“

1. Mose 37–45

Mirjam

Es war wohl, Mirjam, später nie
wie in der Kindheit, noch ganz früh:

Du hast auf Mose Acht gegeben.
Wogegen dann im spätern Leben,

da war es Mose, der euch führte.
Er war des ganzen Volkes Hirte.

Es wird uns zwar ein Fall erzählt,
wo du in Frage das gestellt.

Du sprachst zu Mose, dem Propheten:
„Auch ich hab' Führungsqualitäten!"

Gott strafte für die Überhebung
mit Aussatz dich, bis die Vergebung,

die Mose dann für dich erbat,
gleich doppelt dich kurieret hat.

Als Mose kaum geboren war,
und du vielleicht im achten Jahr,

im Lande Goschen irgendwo,
galt der Befehl des Pharao:

Wenn eine Frau von 'nem gesunden
Hebräerknaben hat entbunden,

dass der noch vor dem ersten Schrei
erbarmungslos zu töten sei.

Denn Pharao war niederträchtig,
voll Angst, ihr würdet ihm zu mächtig.

Am Ende gäb' es 'ne Revolte!
Der schreckliche Befehl nun sollte

Hebräer, die als Sklaven galten,
mit ihrer Zahl in Grenzen halten.

Klar, dass nun Moses' Mutter wollte,
dass niemand ihn entdecken sollte.

Sie sprach zu dir: „Komm, Mirjam, hilf!
Wir flechten einen Korb aus Schilf

und dichten ihn mit Pech und Teer,
als ob's ein kleines Schiffchen wär!“

Das Körbchen war zwar schwarz und hässlich,
doch das war leider unerlässlich.

Denn: besser Pech am Leib als tot!
In dieses selbst gemachte Boot

mit Löchern, um noch Luft zu haben,
da legtet ihr den kleinen Knaben,

und brachtet ihn an euer Ziel:
ins Uferschilf des Flusses Nil.

So lag denn nun der kleine Schwimmer
in seiner Arche mit Gewimmer,

wie Vater Noah einst in seiner –
nur diese war bedeutend kleiner.

Da hast du nun von früh bis Nacht
das kleine Brüderchen bewacht,

dass es nicht noch zum Opfer fiel
statt Pharao 'nem Krokodil.

Die Mutter kam und stillte ihn.
Und wenn sie fort war, hüllte ihn

der Friede der Natur bald ein.
Er hatte keinen Grund zu schrei'n.

Und schrie er doch mal, klang der Schreier
so wie die Frösche oder Reiher.

Fuhr auf dem Nil ein Schiff entlang,
dann wiegte ihn der Wellengang.

Kurz: Friede herrschte hier und Stille
in dieser ländlichen Idylle.

Doch da erschrakst du als sein Wächter.
Du hörtest Stimmen und Gelächter.

Wer kam denn da? Was war da los?
Los war die Tochter Pharaos!

Und mit ihr im Gefolge kamen
Gespielinnen und Anstandsdamen.

Denn die Prinzessin wollte baden.
Schon stand sie drin bis zu den Waden

und sah das Körbchen, das verstohlen
im Schilfe schwamm, und ließ es holen.

Da lag ein Baby, süß und klein,
und lächelte wie Sonnenschein.

„Wie goldig! Oh – das will ich haben!
Kommt! Stillt es! Milch für meinen Knaben!“

Doch da begannen all die Frauen
betreten unter sich zu schauen,

weil der Befehl nun ganz und gar
unmöglich zu befolgen war.

Du aber sprangst aus dem Versteck.
„Ich kenne jemand“, sprachst du keck,

„die gegen kleine Alimente
das Baby sicher stillen könnte!“

„Hol sie!“, sprach Hoheit. „Meinetwegen
soll sie das Kind drei Jahre pflegen.

Dann aber will ich meinen Knaben
als Sohn in meinem Schlosse haben!“

Die Mutter auf verschlung’nem Wege
kriegt so ihr eignes Kind in Pflege.

Hier zu erkennen braucht’s nicht viel:
Da hatte Gott die Hand im Spiel.

2. Mose 4

Pharao

Ja, Pharao – trotz aller Macht –
das hättest du wohl nicht gedacht,

dass die Hebräer, diese Sklaven,
so tief ins Mark den König trafen!

Nun weißt du's endlich – will ich hoffen:
Ihr Gott hat dich ins Mark getroffen.

Von diesem Gott – trotz Moses Mahnung –
hatt'st du am Anfang keine Ahnung.

Du dachtest nur: „Was woll'n die Alten,
die vom Vergnügen mich abhalten,

die Mose sich und Aaron nennen?
Wer ist denn das? Muss man die kennen?"

Du sprachst: „Weshalb die Audienz?
Ihr macht euch hier ’nen schönen Lenz,

statt mit den andern Schilf zu schneiden!
Ich seh’s, Hebräer seid ihr beiden!

Nun fasst euch kurz! Sagt, was ihr wollt!
Ans Werk dann, das ihr schaffen sollt!“

„Gib unserm Volk bei all der Plage
doch wenigstens zwei Feiertage!

Wir woll’n mit Beten und mit Singen
für unsern Gott ein Opfer bringen!“

Du warst verbohrt, verstockt, verblendet!
Und Mose sprach: „Dass Gott mich sendet,

das siehst du hier!“ Und warf ’ne Stange
zu Boden, und sie ward zur Schlange.

Du sprachst: „Das könn’n wir allemal!
Führt meine Weisen in den Saal!

Die machen so was doch mit links!“
Sie taten’s auch. Dann allerdings

fraß Moses Wunderschlange viele
der altägyptischen Reptile.

Wärst du, o großer Pharao,
nicht so verstockt, und auch nicht so

von deiner Meinung eingenommen,
wärst zur Erkenntnis du gekommen:

Der Gott der Leute ist real!
Dir aber war das ganz egal.

Dann hättest du an allem Wissen
und Glauben plötzlich zweifeln müssen.

Die Götter Horus oder Re,
die wären dann im Nu passé.

Es käme auch die Göttin Isis
in eine mittelschwere Krisis.

Du hast geschlossen messerscharf,
dass nicht sein kann, was nicht sein darf.

Statt dir's noch mal zu überlegen
und dann zu sagen: „Meinetwegen,

zieht in die Wüste, um mit Singen
und Beten Opfer dort zu bringen!

Und singt für unsern Gott, den Horus,
wenn ihr schon da seid, auch 'nen Chorus!"

Statt so zu sprechen mit Erbarmen,
beschimpftest du nur diese Armen

und schriest und warfst sie dann hochkantig
aus dem Palast und wurdest grantig.

Als Gott sich dann als Herr erwies,
Leid auf Ägypten kommen ließ,

da kam nach jeder neuen Plage
der Mose mit der gleichen Frage.

Und immer hast du's erst versprochen
und nachher doch dein Wort gebrochen.

Zum Beispiel – das war gar nicht gut –
floss in dem Nil statt Wasser Blut.

Der ganze Fluss begann zu stinken
und niemand hatte was zu trinken.

Und dann, in einem andern Fall,
da hüpften Frösche überall.

Im Haus, im Bett und an der Wand –
wo immer man nur ging und stand,

trat man darauf. Und das gab Flecke!
Selbst unter deiner Schafwolldecke

auf deinem Bett, in deinem Haar,
in Bechern und auf Tellern gar

und auch in deine Staatspapiere
verkrochen sich die Schwabbeltiere.

Sogar den Bäcker traf die Plage:
Der Kuchen hatte Fleischeinlage.

Und so ging's weiter: mit Insekten,
mit Blattern, die das Vieh ansteckten,

mit Heuschrecken und Finsternis,
bis Gott das Schlimmste kommen ließ,

weil die Ägypter gar nicht spurten:
Es starben alle Erstgeburten,

vom Kronprinz oben im Palast
bis zu dem Sohn des Diebs im Knast.

Da endlich brach dein Widerstand.
Du gabst dem Mose freie Hand.

O ja – Gott lässt nicht mit sich spielen!
Und wer nicht hören will, muss fühlen.

2. Mose 7–11

Mose

Ach, Mose, was war das ein Sieg!
Dabei gab es gar keinen Krieg!

Im richt'gen Krieg, mit Schwertern, Spießen,
mit Keulenschlagen, Bogenschießen,

da hättet niemals ihr gewonnen!
Und keiner von euch wär' entronnen.

Des Pharaos gewalt'ges Heer,
sechshundert Wagen oder mehr,

an jedem vorn zwei schnelle Gäule,
verfolgten euch in höchster Eile.

Was konnte eure Flucht da nützen?
Auf allen Wagen Bogenschützen,

die treffen glatt auf hundert Schritte
das Herz des Feindes in der Mitte!

Die Pferde galoppieren schnaubend,
die Wagenräder rasseln staubend.

Deshalb hält ihre Infantrie
auch Abstand, sonst erstickte sie.

Der Lärm der Wagen und der Gäule
wird übertönt vom Streitgeheule,

und in den Augen ihrer Schützen
sieht man die Kampfeswut schon blitzen.

Bei euch dagegen, da rast nichts.
Ihr steht fast stille, angesichts

des Tempos, wie, laut euren Spähern,
die Feinde sich von hinten nähern.

Ihr haltet euch nur an das brave
gemache Tempo eurer Schafe.

'S ging auch nicht schneller ohne Vieh!
Die Lastenträger haben Müh,

durch tiefen, losen Sand zu eilen.
Die vielen kleinen Kinder heulen;

verlangen klagend von den Müttern,
sie soll'n sie tragen oder füttern.

Am schwersten haben's auf der Reise
die Schwachen, Kranken und die Greise.

Sie schimpfen heftig: „Nicht zu fassen,
dass wir uns darauf eingelassen!

Der Mose, unser Führer, macht sich
die Sache leicht, der ist erst achtzig!

Nun müssen wir uns dürstend sputen,
und werden doch sehr bald verbluten

durch die ägypt'schen Ungeheuer
und werden Beute für die Geier.

Wo wir doch vorgezogen hätten
den stillen Tod in unsern Betten!"

Du hast all das geseh'n, gehört
und drum dein Herz zu Gott gekehrt

und flehtest, dass er sich erbarm'.
Gott sprach: „Du siehst den Meeresarm.

Geh hin! Dann sollst du deinen Stecken
vom Ufer übers Wasser recken!

Du wirst schon seh'n, was dann passiert!
Und dass euch der Allmächt'ge führt!"

Natürlich hast du das getan.
Sofort erhob sich ein Orkan,

bewegt das Wasser, bis er dies
gewaltig nach der Seite blies.

Rechts war das Meer, links war das Meer,
dazwischen aber war es leer.

So blieb es auch. Der Wind war kräftig.
„Mir nach!", riefst du und winktest heftig.

Zwar war der Marsch auch hier nicht leicht –
der Boden war noch ziemlich feucht –

doch nun, nach diesem Wunderzeichen,
wär töricht es, zurückzuweichen.

Und weiter, immer weiter ging's,
mit Angst im Blick nach rechts und links,

wo Wasser, hoch wie Festungsmauern,
euch ließ erzittern und erschauern.

Grad als die letzten Auserwählten
sich aus dem Matsch ans Ufer quälten,

kam Pharao mit tausend Mann
vom Heer am andern Ufer an.

„Mir nach!“, rief er – nun gar nicht weise.
Sie folgten alle in die Schneise.

Da gruben sich die Wagenräder
tief in den Schlamm. Erschreckt sah jeder,

dass diese Straße voll Gefahr,
vielleicht auch ihr Verderben war.

Es ging nicht vor und nicht zurück.
Und nun verließ sie ganz das Glück:

Der Ostwind hörte auf zu wehen.
Sie mussten mit Entsetzen sehen:

Das Wasser stürzt’ auf sie herab.
Das Heer bekam ein nasses Grab.

Gern macht’ ich mir dein Lied zu eigen,
das du dort sangst, und Mirjams Reigen,

wenn ich bei euch gewesen wäre:
„Der Herr ist mächtig! Ihm sei Ehre!“

2. Mose 14

Aaron

Ach, alter Aaron, sag: weshalb
der wilde Tanz ums goldne Kalb?

Was war am Sinai nur los?
Wie kamt auf die Idee ihr bloß,

auf die Idee, die rein verrückte,
dass Gold, das eure Frauen schmückte

in Form von Ringen oder Spangen,
als Ketten um den Hals gehangen,

dass dies, zum Stierbild umgeschmolzen,
dadurch zum Gott wird, einem stolzen?

Verstehen kann das Volk man ja:
Sie waren der Verzweiflung nah.

Seit sieben Wochen lagern sie
nun schon am Fuß des Sinai

mit wenig Wasser, kaum zu essen –
anscheinend hat sie Gott vergessen!

Wenn man hier leidet, dürstet, schwitzt,
untätig in der Wüste sitzt –

was nützt da die Verheißung dieses
Brot-, Milch- und Honig-Paradieses?

Wo ist es denn? Wir seh'n seit Wochen
nur Wüste, trocken wie die Knochen,

nur Sand und Steine! Und wir stinken,
sind schlapp und haben nichts zu trinken!

Auch hat sich Mose wohl ganz sacht
buchstäblich aus dem Staub gemacht.

Es heißt, er sei am Gipfel oben,
von unsrer Not weit abgehoben,

wo er für Gott viel Zeit sich nimmt.
Wer sagt uns, ob das wirklich stimmt?

Vielleicht ist – unbemerkt von allen –
er längst in eine Schlucht gefallen,

als Alpinist noch unerfahren
und nicht mehr in den besten Jahren.

Und überhaupt – wer ist der Gott,
der führte uns in diese Not?

Er führe uns auch wieder raus!
Wo ist er denn? Wie sieht er aus?

Dass einmal unsre Vor-Vorfahren
einst diesem Gott gehorsam waren,

bedeutet heute nicht mehr viel.
Da ist so mancher Gott am Nil,

wie er in jedem Tempel sitzt,
doch aus ganz anderm Holz geschnitzt.

Lasst einen solchen Gott uns machen,
der uns behüten kann, bewachen!

Aaron – mit Mose eng verwandt –
nimm du die Sache in die Hand!

So schrien sie laut, in Zorn gesteigert.
Du, Aaron, hast dich nicht geweigert.

Denn wie sie voller Wut gesprochen,
hat stark nach Lynchjustiz gerochen.

Entschied'st dich trotz Gewissensnot,
statt Gott gehorsam, aber tot,

den Leuten lieber nachzugeben –
nicht fromm, doch wenigstens am Leben.

„Na gut! All euer Gold gebt mir!"
So machtest du den goldnen Stier.

Sehr viele unsrer Zeitgenossen
hab'n auch manch goldnes Bild gegossen.

Zwar sammeln sie nicht überall
das teure, gelbe Schwermetall

– denn das zu kriegen ist oft schwierig –
doch sind sie sonst nach Schätzen gierig.

Die schmelzen sie zu allermeist
zu einem Gott, der „Konto" heißt.

Zwar fall'n im allgemeinen sie
vor diesem Gott nicht auf die Knie.

Doch kriegt, was sie zusammenrafften,
fast gottesgleiche Eigenschaften.

Quält Angst sie, Trauer und Entsetzen –
sie wenden sich an ihren Götzen.

Fehlt Lebenssinn – auch das kommt vor –
sie finden ihn in dem Tresor.

Sind sie um Selbstwert mal verlegen,
so sind sie stolz auf ihr Vermögen.

In Schmerzen, um sich abzulenken,
ist es ihr Trost, ans Geld zu denken.

Welch Unglück! Welche Lebenslüge:
Ihr Gott sind ihre Bankauszüge.

Du, Aaron, kannst dich glücklich schätzen!
Als Mose kam, sah voll Entsetzen

den Götzendienst, hat er gewettert,
und euer goldnes Bild zerschmettert,

zermahlen und ganz fein zerstäubt,
dass nichts mehr davon übrigt bleibt.

Er hielt euch vor des Herrn Gebot:
Er selbst sei euer einz'ger Gott!

Sollt ihm allein die Ehre geben,
und keinen Göttern noch daneben.

2. Mose 32

Bileam

Du, Bileam, warst ein Prophet,
ein Mensch, der vor dem Höchsten steht,

der Gottes Wort für hier und jetzt
in Menschensprache übersetzt.

An einem Morgen war'n bei dir
viel fremde Reiter vor der Tür.

„'Nen schönen Gruß von unserm König …"
– und deine Brust, die schwoll ein wenig –

„… dem Balak, Moab heißt sein Land.
Es liegt im Süden, linkerhand

vom Jordan und vom Toten Meer.
Nun, unser König bittet sehr,

du mögest ihm zu Hilfe eilen:
den Feinden einen Fluch erteilen,

den Wüstenstämmen, diesen rohen,
die ihn von Westen her bedrohen.

Wirst einen Fluch du für sie sprechen,
so könnt' sie das entscheidend schwächen.

Wenn sich das Volk so schwächen lässt,
gibt er ihm mit dem Heer den Rest.

Komm mit! Es würde Balak freu'n!
Es soll dein Schaden auch nicht sein!"

Nun war's nicht schwierig zu entdecken:
Es war'n die meisten von den Säcken,

die ihnen schwer am Sattel hingen,
voll Gold und andern edlen Dingen.

Du mühtest dich, nicht hinzugucken,
und sprachst nach dreimal heftig Schlucken:

„Prophet zu sein ist eine Bürde!
Nicht, dass ich nicht gern helfen würde,

zumal der Lohn ins Aug' mir sticht!
Doch leider, Balak, geht es nicht.

Denn ein Prophet, wie du wohl weißt,
sagt nur, was Gott ihn sagen heißt."

So wandten sie sich bald zurück,
du folgtest mit betrübtem Blick

dem Zug der reichen, fremden Reiter.
Nun gut – arm geht das Leben weiter.

Doch – wie erstaunlich – bald darauf,
da tauchten sie schon wieder auf –

viel stolze Herrn auf edlen Tieren.
Der Balak wollt' dir imponieren.

Der Kern der vornehmen Gesandtschaft
bestand aus Balaks Blutsverwandtschaft.

Die mit viel Gold bei dir eintrafen,
das waren Fürsten oder Grafen.

Die haben dir nun ausgerichtet:
„Wir wissen, du bist Gott verpflichtet.

Jedoch, sei nicht so unbeweglich!
Wenn Gott spricht, ist es sicher möglich,

sein Wort, da du doch Spielraum hast,
so hinzubiegen, dass es passt."

Dem wolltest du nicht widersprechen.
Du hast beschlossen, aufzubrechen.

Und bald schon trabtest du dahin
auf deiner treuen Eselin.

Gott aber war dabei voll Zorn.
Schickt einen Engel, der von vorn

auf einem schmalen, engen Pfad
dir und dem Tier entgegentrat.

Der Esel sah ihn und blieb steh'n.
Du aber konntest ihn nicht sehn –

was zeigt, dass manch ein Mensch und Christ
oft dümmer als ein Esel ist.

Du hast dein Reittier arg versohlt.
So hat sich's zweimal wiederholt.

Zum Schluss noch quetschte dir dein Grauer
den Fuß an einer Weinbergmauer.

Du schlugst das Tier voll Schmerz und Wut.
Der Esel fand das gar nicht gut.

Er fand's im Gegenteil betrüblich,
und – was bei Eseln sonst nicht üblich –

beschwerte mündlich sich bei dir:
„Bin ich nicht dein getreues Tier,

das als bescheid'ner Leisetreter
dich trug so manchen Kilometer,

durch Wald und Feld, bergab, bergan?
Was schlägst du mich wie ein Tyrann?"

Du sahst den Engel, sprangst vom Rücken
des Esels, um dich tief zu bücken.

Er sprach: „Die Eselin hat Recht!
Nicht sie, dagegen du bist schlecht!

Befolgst nicht Gottes Wort – aus Gier!
Nun gut – zieh hin! Doch merke dir:

Sprich nur – ob's Fluch sei oder Segen –,
was Gott in deinen Mund wird legen!"

Wir kennen alle das Ergebnis.
Uns, Bileam, zeigt dein Erlebnis:

Gott kann, um Stolz und Gier zu stutzen,
mal Engel und mal Esel nutzen.

4. Mose 22–24

Rahab

Oh, wie erfreulich, liebe Rahab,
dass ich dich heute mal so nah hab,

um mit dir ein Gespräch zu führen!
Du konntest mir stets imponieren!

Es ist, und dieses find ich schlecht,
zwar dein Gewerbe waagerecht.

Jedoch von Gottes Wort und Mahnung,
da hattest du ja keine Ahnung.

Was man nicht weiß, das weiß man nicht.
Da aber hörst du das Gerücht,

dass man sich wohl bald schützen müsste
vor einem Volke aus der Wüste.

Sehr stark sei wohl der Gott der Leute,
der aus Ägypten sie befreite

und Pharaos gesamtes Heer
ertränkte dort in einem Meer.

Und man erzählte auch mit Bangen,
Gott sei dem Volk vorangegangen

des Tags als Wolke, nachts als Feuer.
Da stauntest du ganz ungeheuer.

Auch habe er sein Volk gesegnet
mit Brot, das nachts vom Himmel regnet.

Mit solcher Gottesoffenbarung
habt ihr ja keinerlei Erfahrung.

Bei euch sind Götter ganz und gar
ohnmächtig, stumm und unsichtbar.

So kam dir die Gedankenkette:
„Wenn ich die Möglichkeiten hätte,

dem Gott des Volkes Israel
zu folgen, tät ich's auf der Stell."

Und wie es so der Zufall wollte
– und wer auch sonst –, ganz plötzlich sollte

sich die Gelegenheit ergeben:
Der fremde Gott trat in dein Leben.

Es kehrten Männer bei dir ein,
die schienen nicht von hier zu sein.

Man hörte es am Dialekt.
Auch war'n sie müde und verdreckt.

Sie löffelten grad ihre Suppen,
da polterten die Grenzschutztruppen

von Jericho vorn an der Tür.
„Mach auf! Wir wollen nichts von dir!"

Als ob sie gleich die Tür einrennten!
„Wir suchen zwei Geheimagenten!"

Ah – sprachst du – daher weht der Wind!
Ganz klar, dass das die beiden sind!

Das ist die Chance! Da greif ich zu!
In aller Eile schicktest du

die beiden Israelspione
die Leiter rauf zu dem Balkone,

aufs flache Dach, wo sowieso
zum Trocknen lag 'ne Menge Stroh.

Da sollten sie sich drin verbergen.
Du öffnetest derweil den Schergen.

„Geheimagenten? Wen sucht ihr?
Spione? Nein, die sind nicht hier.“

„Wer aß aus diesem Suppenteller?“
„Ach die! Da seid mal nächstens schneller!

Die waren hier, sind längst gegangen.
Ich hätte sie für euch gefangen,

wenn ich gewusst hätt', wer das ist!“
Verärgert guckt ein Polizist

im wohl bekannten Schlafgemach,
in Truhen und in Schränken nach.

Dann hab'n sie sich davongestohlen,
die Feinde möglichst einzuholen.

Die beiden, die noch eben bänglich,
bedankten sich ganz überschwänglich

und wollten fort. „Halt, nicht so eilig!“,
sprachst du. „Erst schwört mir hoch und heilig,

als Dankestat gewissermaßen,
wollt ihr mir Gut und Leben lassen,

wenn Israel die Stadt berennt,
erobert und dann niederbrennt!“

„Wir schwören!“, sagten die Spione.
„Zum Zeichen, welches Haus man schone,

wenn mit dem Heer wir kehr’n zurück,
häng aus dem Fenster diesen Strick!“

Du hast – unsicher war’n die Gassen –
an diesem Strick hinabgelassen

hoch von der Mauer dann die zwei.
„Tschüss, Rahab!“ Und sie waren frei.

Sie hielten ihren Schwur. Und dann
nahm dich ein netter junger Mann

und gründete so einen Stamm,
aus dem dann der Messias kam.

Man sieht: Gott sind nicht nur die Frommen
und Hochmoralischen willkommen.

Auch den schätzt er, der hier und jetzt
mit Gott auf eine Karte setzt.

Josua 2

Josua

Was, Josua, mich sehr bewegt
im Buch, das deinen Namen trägt,

ist das, was stattgefunden hat
bei Jericho, der grünen Stadt.

Zuweilen zeigt sich Gottes Treue
darin, dass er uns Kraft verleihe,

damit wir Kämpfe (die gerechten)
mit seiner Kraft zu Ende fechten.

Doch manchmal greift er ganz allein
mit einem Wunder helfend ein.

Bei euch war's beides, so und so,
in eurem Kampf um Jericho.

Die Wüste lag nun hinter euch.
O welche Freude, dass nun gleich

ihr kommen sollt in den Genuss
– gleich hinter diesem kleinen Fluss,

der sich ins Tote Meer ergießt –
des Lands, da Milch und Honig fließt.

Eins aber macht' euch gar nicht froh:
Das war die Festung Jericho.

Nach Jahren durch die Wüste gehen –
ihr hattet nie ein Haus gesehen –

war da ein richtiges Gemäuer
euch sowieso nicht ganz geheuer.

Erst recht nicht, was hier aufgetürmt
und dieses große Volk beschirmt:

Es ragte hoch bis an den Himmel.
Und innen drin ein Volksgewimmel,

von denen viele Krieger waren,
geübt und in den besten Jahren.

Wie solltet ihr in Windeseile,
im Todeshagel ihrer Pfeile,

im heißen, wilden Kampfesreigen
die hohen Mauern je ersteigen?

Ganz ohn' Belagerungsmaschinen,
die sonst im Kriege dazu dienen,

hineinzuschleudern Pest und Flammen,
und um die Tore einzurammen!

Da wurden euch die Knie weich.
Es käme Massenselbstmord gleich,

dagegen tollkühn anzurennen,
wo die euch so leicht treffen können!

Gott aber hatte dir gesagt:
„Sei nur getrost und unverzagt!

Entsetz' dich nicht! Lass dir nicht grauen!
Musst nur gehorchen und vertrauen!"

Und dann erklärte er dir die
göttliche Angriffsstrategie.

So seid ihr dann in großem Bogen
ganz still rund um die Stadt gezogen.

Die auf der Mauer sahn's mit Staunen:
Vorn sieben Priester mit Posaunen

mit Festgewändern an. Und grade
dahinter kam die Bundeslade.

Direkt dahinter schloss sich an
die Schar der Krieger, Mann für Mann,

mit Schwert und Keule, Schild und Speer.
Es war ein so gewalt'ges Heer,

dass vorn der Kopf der Schlange ganz
nah schloss an des Heerwurms Schwanz,

der so mit Priestern, Heer und Tross
ringsum ganz Jericho umschloss.

Als so ganz feierlich und schweigend,
dem feindlichen Gespött sich zeigend,

ihr einmal seid im Kreis geschritten –
die Stadt der Feinde in der Mitten –,

da zogen sich zurück die Leute
ins Lager. So – das war's für heute.

Sechs Tage lang passiert nicht mehr –
nur einmal täglich Kreisverkehr.

Dann aber seid, am Tage sieben,
ihr nach dem Kreis nicht steh'n geblieben.

Ihr musstet, dauert' es auch Stunden,
die Stadt nun siebenmal umrunden.

Die Priester stießen, statt zu beten,
mit voller Kraft in die Trompeten.

Ihr schriet, um noch mehr Lärm zu machen.
Und da, mit Knirschen, Poltern, Krachen

stürzt ein das riesige Gemäuer.
Ihr stiegt hinein – der Sieg war euer!

Was lernen wir aus dem Bericht?
Posaune blasen sicher nicht.

Auch nicht, sehr oft wie deinesgleichen
um ein Problem herumzuschleichen

wie Katzen um den heißen Brei.
Auch nicht das laute Kriegsgeschrei.

Wir lernen es, Gott zu vertrauen,
im Glauben zu ihm aufzuschauen

in unserm Lebenskampf tagtäglich.
Ist er bei uns, ist nichts unmöglich.

Josua 6

Kaleb

Du liebst ja, Kaleb, nicht das Schwärmen
von alten Zeiten, aufzuwärmen,

was früher sich ereignet hat –
du lebst im Heute: Mann der Tat!

Lässt dir trotz 85 Lenzen
nicht den Aktionsradius begrenzen.

Setzt' man dich weich auf Sofakissen,
so würdest du den Kampf vermissen.

Soll'n andre ruhen, gichtbeschwert –
du führst noch Schild und Spieß und Schwert.

Und dennoch – wend' mit mir den Blick
noch einmal in die Zeit zurück,

als du erst vierzig Jahre alt.
Ihr machtet da in Paran Halt.

Ihr schicktet euch soeben an,
nun endlich das Land Kanaan

nach diesem langen, unbequemen
Marsch endlich in Besitz zu nehmen.

Doch zogt ihr nicht hinein sogleich.
Was wartete wohl da auf euch?

Ein Land, in dem das Leben lohnt,
ist meistens nicht mehr unbewohnt.

Wo Milch und Honig reichlich fließen,
sind meist schon andre am genießen.

Sehr fraglich ist, ob, die da prassen,
das euch gleich kampflos überlassen.

Drum Mose sprach: „Jetzt gleich ins Land
hineinzugeh'n ist zu riskant.

Von manchem Volk, das gern da bliebe,
krieg'n wir vielleicht eins auf die Rübe.

Apropos Rübe – 's wär auch gut
zu wissen, was da wachsen tut.

Wie fruchtbar ist's, und wo genau?
Geht einmal hin und macht euch schlau!

Wir schicken mal – ich würde meinen –
zwölf Mann, von jedem Stamme einen."

So warst du, Kaleb, nun gebeten,
dabei Stamm Juda zu vertreten.

Und endlich war es dann so weit.
Es war gerade Erntezeit,

drum reich beladen mit viel Früchten
kamt ihr zurück, um zu berichten:

„Tatsächlich ist das Land sehr reich
und fast dem Paradiese gleich.

Doch, Freunde, freut euch nicht zu früh!
Dies Land erobern wir doch nie!

Die Leute, die das Land besitzen,
die bauen Türme, deren Spitzen

hoch bis hinauf zum Himmel ragen.
Wer will die zu erobern wagen?

Und die Bewohner erst von diesen
Gebäuden, das sind starke Riesen!

Zwar fließt der Honig dort tatsächlich,
doch für das Land sind wir zu schwächlich.

Zwar fließt dort, wie versprochen, Milch,
doch war'n wir wie ein kleiner Knilch,

der kämpfen will mit dem Titanen."
Und da begann das Volk zu ahnen

aus Angst vor blutigen Gefechten,
der Traum von manchen schwülen Nächten,

der könnte sich in Nichts auflösen,
zum Alptraum werden, einem bösen.

„Was nützt's, wenn wir das Land erreichen
und bleiben schließlich da – als Leichen?"

Da trautest du dich, aufzusteh'n
mit Josua: „Vergesst die Zehn!

Zwar stimmt all das, was man erzählt.
Doch hat nicht Gott uns auserwählt?

Er hat uns Kanaan versprochen!
Drum, Leute, mutig aufgebrochen!"

Das freute Gott. Das Volk indessen,
das hatte Gott schon längst vergessen.

Der Herr beschloss und ließ verkünden:
„Dem Volk voll Zweifel und voll Sünden

kann ich, um meiner Ehre willen,
nun die Verheißung nicht erfüllen.

Ein Volk, das zaghaft ist und blöde,
braucht Reifezeit in der Einöde.

Die Kinder erst, zu spätren Zeiten,
werd' ich nach Kanaan geleiten.

Ihr aber seid dann alle tot.
Nur Josua vertraute Gott,

und Kaleb. Die zwei soll'n nicht sterben,
und dann auch Land und Städte erben."

Und dies, Herr Kaleb, ist der Grund,
dass du vital bist und gesund.

Nun zieh mit deinen wen'gen Leuten
nach Hebron, um es zu erbeuten,

dass jeder sieht, wenn ihr dort wohnt:
Das Gottvertrau'n hat sich gelohnt.

Josua 14 / 4. Mose 13

Gideon

Ja, junger, frommer Gideon,
hör zu: Das hast du nun davon!

Wer in der Krise nicht nur jammert,
wer fest an Gottes Wort sich klammert,

erfährt, dass Gott auch dazu steht,
selbst wenn's durch Schwierigkeiten geht.

Ein großes Heer von Midianitern
verband sich mit Amalekitern

und brach herein und suchte Streit,
wie jedes Jahr zur Erntezeit.

Sie raubten Korn und Obst und Vieh,
was übrig blieb, verbrannten sie.

Ihr konntet euch noch nicht mal wehren
bei diesen riesengroßen Heeren

auf ihren schnellen Reitkamelen.
Ihr suchtet Schutz in Wald und Höhlen.

Ihr floht mit Alten, Frau'n und Kindern
und ließt die Midianiter plündern.

Nun habt ihr wieder Korn geschnitten.
Bald kommen sie wohl angeritten.

Du drischst grad in der Kelter unten.
Da wirst du nicht so schnell gefunden.

Da stand ein Mann am Kelterrand,
der war dir völlig unbekannt.

Er sprach: „Du sollst dein Volk befrei'n!
Geh hin! Und Gott wird mit dir sein."

„Was heißt hier Gott? Wir kenn'n sein Walten
nur aus Erzählungen der Alten!

Nein, schlag dir so was aus dem Kopf!
Sei sicher, dass ich armer Tropf

von so was meine Finger lasse,
ich, der Geringste in Manasse!"

Doch wie du sprachst, da fiel dir ein:
Könnt' der vielleicht ein Engel sein?

Ich muss es wissen! „Bitte, weiche
nicht von dem Platz hier bei der Eiche!"

Du ranntest heim und gabst dir Mühe
ein Mahl zu richten: etwas Brühe

und Brot und Fleisch vom Ziegenbock.
Du brachtest's ihm. Er nahm den Stock

und tippte damit sanft darauf.
Da zischte eine Flamme auf.

Das Opfer war im Nu verbrannt.
Der Engel aber, der entschwand.

Dadurch ermutigt, hast beflissen
nachts du den Baalsaltar zerrissen.

Bei Tag, wo jeder zugeschaut,
hätt'st du dich das wohl nicht getraut.

Zwei starke Ochsen und ein Tau –
im Nu zerbröselte der Bau.

Daneben stand ein Pfahl ganz nah:
ein Götzenbild der Aschera –

so war gleich Feuerholz zur Hand,
als du ein Opfer nun verbrannt.

Für Gott. Denn dir war klar: Jetzt brennt's!
Jetzt heißt's in letzter Konsequenz

nur noch auf eine Karte setzen:
auf Gott! Drum weg mit allen Götzen!

So ein Entschluss scheint nie zu wanken,
besteht er nur in den Gedanken.

Jedoch nichts mehr so fest besteht,
wird dieser Plan erst mal konkret.

Als es nun galt, die Schlacht zu wagen
und die Verantwortung zu tragen

für Tausende von Volksgenossen,
da warst du ängstlich und verschlossen.

Will's Gott? Und wird er mit uns sein?
Bild' ich mir das vielleicht nur ein?

Dem Kampf sich stellen oder weichen?
„Ach, lieber Gott, gib mir ein Zeichen!

Ist diese Wolle über Nacht
vom Tau vollständig nass gemacht,

nicht aber rundherum die Erde,
so heißt das, dass ich siegen werde."

Genauso war's am nächsten Morgen.
Doch immer noch machst du dir Sorgen.

Die Zweifel sind noch nicht zerstreut.
„Ich dank' dir für das Wunder heut,

für das ich dich von Herzen lobe –
doch hätt' ich gern die Gegenprobe.

Herr, tu das umgekehrte Wunder!
Das Fell soll trocken sein wie Zunder,

die ganze Erde aber feucht!
Dann fiele mir das Glauben leicht."

Nun, Gottes Werk bei dem geschieht,
der glaubt, obwohl er gar nichts sieht,

und nur auf Gottes Wort vertraut.
Wenn mancher manchmal trotzdem schaut,

was Gott an Zeichen sehen lässt,
macht das den Glauben extra fest.

Richter 6

Pura

Du, Gideons treuer Diener Pura,
warst mutig wohl, schon von Natura.

Das schließ' ich draus, dass Gott dich nennt –
der seine Pappenheimer kennt –,

um Gideon treu zu bewachen
und um durch Nähe Mut zu machen.

Denn nach dem Tau- und Wollezeichen
gebot ihm Gott, hinabzuschleichen

ganz nah an eurer Feinde Heer,
als obs 'ne Schar von Kindern wär.

Bei hundertzwanzigtausend Rittern
begannen ihm die Knie zu zittern.

Doch Gideon, der Zögerliche,
fühlt sich gestärkt in seiner Psyche,

weil du bei ihm bist Schritt für Schritt.
Dein Mut teilt sich dem Freunde mit.

Da lag das riesengroße Heer
um tausend Feuer oder mehr.

Man hörte Reden und Gelächter.
Und grad hier vorn saht ihr zwei Wächter.

So seid ihr beide dann verstohlen
bei Dunkelheit auf leisen Sohlen

so nah an sie herangekrochen,
dass hörbar war, was sie gesprochen.

Der eine – ihr verstandet's kaum –
erzählte grade einen Traum

von etwas, das durchs Lager rollte,
Tod und Verderben bringen sollte.

Ihr saht den zweiten Mann erbleichen.
„O weh! Das ist ein schlechtes Zeichen!

Es kann im Grunde nur bedeuten,
dass Gideon mit seinen Leuten

– er sammelt welche, wird berichtet –
uns überfällt und ganz vernichtet."

Was warst du froh! Und Gideon!
Ihr schlicht euch leise nun davon

und lobtet Gott von Herzensgrund
für dieses Wort aus Feindesmund.

Nun blies man bald die Kriegsposaunen.
Und alles Volk ergriff ein Staunen,

dass jemand wagt, statt nur zu fliehen
ganz mutig in den Kampf zu ziehen.

Rund zweiunddreißigtausend Mann,
die kamen schließlich bei euch an.

Das war nicht viel. Die Midianiter
war'n hundertzwanzigtausend Ritter!

Gott sprach: „Wem fehlt's von euch an Mumm?
Der kehre besser wieder um!

Ich will, ihr sollt mit wenig Leuten
mit euren vielen Feinden streiten.

Nur dann wird nämlich sonnenklar,
dass euer Sieg ein Wunder war."

Zehntausend ohne Angstgefühle,
die war'n Gott immer noch zu viele.

Er sprach: „Lass alle Wasser trinken!
Wer dabei kniet, den stell zur Linken.

Wer steht und leckt nur wie ein Tier,
den stell nach rechts. Die geh'n mit dir."

Als das gescheh'n, saht ihr mit Schrecken:
Die rechts, die mit dem Wasserlecken –

dreihundert Mann war die Gemeinde!
Für jeden gab's vierhundert Feinde!

Doch Gideon teilt nun in Eile
das kleine Häuflein in drei Teile,

die sollten an verschied'nen Ecken
beim Feindeslager sich verstecken

mit einer Fackel in 'nem Krug
und einem Horn – das war genug.

Auf das Signal hin bliesen alle
in ihre Hörner. Zu dem Schalle

kam noch das Klirren und das Scheppern
vom allgemeinen Krugzerdeppern.

Von Fackeln war die Nacht erhellt.
Die Wachen gaben Fersengeld

und rissen dabei Zelte ein.
Die Schläfer schreckte auf ein Schrei'n:

„Hier Schwert des Herrn und Gideon!"
Die Letzten wurden wach davon

und glaubten an ein blut'ges Drama
und flohen rasch – noch im Pyjama.

Ein Chaos brach im Lager aus,
und alle schrien und wollten raus.

Und zwischendrin all die Kamele!
Gar niemand hörte auf Befehle.

Um fortzukommen noch rechtzeitig,
erstachen sie sich gegenseitig

und kämpften so den Weg sich frei
durch Blut und Chaos und Geschrei.

Die Stärksten schlugen alle nieder
und floh'n und kamen niemals wieder.

Richter 7

Simson

O Simson, du, ein Muskelprotz,
du solltest nicht von Wut und Trotz,

Angeberei und Leidenschaft
regieren lassen deine Kraft!

Gott gab dir diese Energie.
Darum: Für ihn gebrauche sie!

Einst kamst du ins Philisterreich.
Und da verliebtest du dich gleich

heiß in ein Mädchen, jung und schön,
das du durch Zufall dort geseh'n,

und sprachst: „Dies Mädchen wird die meine!
Nur diese eine oder keine!“

Dein Vater war für dies Ansinnen
nicht ohne weitres zu gewinnen,

denn eine Heidin war die Schöne.
Da machtest du ihm eine Szene,

und, wie fast stets in deinem Leben,
hat er auch diesmal nachgegeben.

Einst sprang ein Löwe aus den Büschen,
um dich als Beute zu erwischen.

Du, da du keinen Dolch getragen,
hast ihn mit bloßer Hand erschlagen.

Dann, nach zwei Wochen oder drei,
da kamst du nochmal hier vorbei,

sahst das Skelett 'nem Schwarm von Bienen
als Nest und als Behausung dienen.

Du drücktest Honig aus den Waben,
um dich zu stärken und zu laben.

Du kamst zu deiner Braut als Freier,
und es begann die Hochzeitsfeier.

Man tat dir dreißig Junggesellen,
wie es hier Brauch, zur Seite stellen

als Freunde, denn du warst hier fremd.
Du sprachst: „Wir wetten unser Hemd!

Ich werde euch ein Rätsel sagen.
Löst ihr es nicht in sieben Tagen,

mir euer Festgewand gehört.
Löst ihr es, geht es umgekehrt."

Sie sprachen: „Ja, es sei! Wir schwören!
Nun lass uns schon dein Rätsel hören!"

„Fraß ließ sich von dem Fresser lösen,
und Süßes von dem Muskulösen."

Die dreißig dann, nach langem Grübeln,
begannen dir das zu verübeln.

Weil ihnen vor'm Verlieren graut,
da sprachen sie zu deiner Braut:

„Wir sind wohl keine Rätselrater.
Wir zünden darum deinem Vater,

wenn du nicht hilfst, die Bude an!
Du musst nur einfach deinem Mann

süß schmusend auf dem Schoße hocken
und das Geheimnis ihm entlocken."

Das tat sie dann auch tränenreich.
Zwar rochest du den Braten gleich,

und hättest lieber schweigen sollen.
Doch brach an ihrem süßen Schmollen,

an ihren Tränen im Gesicht,
an ihrem „Oh, du liebst mich nicht!“

dein Widerstand. Trotz besserm Wissen
hast du es ihr verraten müssen.

Und das Ergebnis war dann leider:
Du brauchtest dreißig Feierkleider.

So hast du an den Feiertagen
ein paar Philister totgeschlagen

und ihre Kleider ausgezogen.
Du warst voll Zorn, fühlt’st dich betrogen,

hast deine neue Frau verlassen,
begannst die Leute hier zu hassen,

hast reihenweise sie erschlagen,
hast mal ein Stadttor fortgetragen,

weit weg versteckt, wo man’s nicht findet,
hast ihre Ernten angezündet.

Stark zwar, sankst du doch immer tiefer.
Mit einem Esel-Unterkiefer

hast du in einer wilden Schlacht
gleich tausend den Garaus gemacht.

So endete das Drama dann
so ähnlich, wie es einst begann:

Es stand dir da besonders nah
ein Mädchen namens Delila.

Auch die hat kosend dir dein Wissen,
dein Haar und deine Kraft entrissen.

Nun war dein Widerstand gebrochen
und deine Augen ausgestochen.

Gefangen endetest du später
als erster Selbstmord-Attentäter.

Ach, wär' statt Raufen, Brennen, Morden
aus dir ein Gottesmann geworden!

Man sieht, dass die mit großen Gaben
Verantwortung für diese haben.

Richter 14–16

David

Da sitzt du, David, auf der Erde,
gibst Acht auf deines Vaters Herde

und singst ein frohes Lied dabei,
dass Gott der gute Hirte sei,

der immer, tags wie auch im Schlafe,
dich stets beschützt, wie du die Schafe.

Das ist ein wunderschönes Bild.
Doch leider ist das Leben wild

und voller Ängste und Bedrängnis.
Gerade jetzt droht ein Verhängnis

ganz Israel mit Frau'n und Kindern.
Denn die Philister morden, plündern

und brennen, rauben mit dem Heer
und machen euch das Leben schwer.

Zwar ist da König Saul, der Held,
der sich dem Feind entgegenstellt.

Doch kann's ihm mit dem Heer gelingen
ihn dran zu hindern, vorzudringen?

Siehst du nicht hier auf dieser Weide
bei Sonnenschein, entfernt vom Leide,

inmitten ländlicher Idylle,
die Welt durch eine rosa Brille?

Dein Vater hat dich heim bestellt.
„Du weißt, die Brüder sind im Feld.

Viel Sorgen mach ich mir um sie",
so sprach der alte Isai.

„Jetzt lagern sie im Eichengrund.
Bring ihnen diese Brote und

die Körner. Käse geb ich dir
für ihren Unteroffizier."

Da machtest du dich auf die Socken
und kamst zum Heer. Du fandst sie hocken

in ihrer Stellung, leicht erhöht.
Und wenn man da hinunterspäht,

sieht man den Eichgrund und darüber
die andern Hügel gegenüber,

wo die Philister mit dem ganzen
gewalt'gen Heere sich verschanzen.

Da tritt – du traust den Augen kaum –
ein Riesenkerl, groß wie ein Baum,

breit wie die Tür an eurem Haus,
aus der Philister Front heraus.

Sein Waffenträger trägt den Schild.
Auch der ist groß. Doch welches Bild:

Er wirkt daneben wie ein Zwerg.
So kommen sie herab vom Berg

und pflanzen sich nach raschem Lauf
breitbeinig dort im Talgrund auf.

Du fragst: „Wer ist das da im Grund?“
Dein Bruder sagte: „Halt den Mund!

Hau ab! Das sieht ja doch ein Blinder:
Der Fall hier, der ist nichts für Kinder!“

Ja, Brüder sind oft überheblich.
Das ist zwar üblich, doch nicht löblich.

Doch hörst du, was das auf sich hat:
„Der Riese dort heißt Goliat.

Vorkämpfer ist er, stellvertretend
für alle sterbend oder tötend.

Das Heer, von dem gewinnt der Krieger,
gilt dann im Ganzen auch als Sieger.

In Mode kommt jetzt dies Verfahren,
weil es ja hilft, Soldaten sparen.

Der Kampf der Stellvertreter-Riesen
verhindert großes Blutvergießen.

Nur leider ist bei uns kein Mann,
der dem Paroli bieten kann."

Der Goliat schrie: „Nun los, ihr Feigen!
Schickt einen her! Dem will ich's zeigen!"

So höhnte, brüllte der Philister,
so zog er sämtliche Register.

Man kam sich klein vor wie ein Wurm
vor diesem Mann, groß wie ein Turm,

breit wie ein Schiffbug der Brustkasten,
mit Armen, fast so dick wie Masten.

Der ganze Kerl mit Blech bewehrt
und in der Faust das Riesenschwert.

Du sprachst: „Ich hab' als Waffe leider
nur meine viel bewährte Schleuder.

Bin Schwert und Rüstung nicht gewöhnt.
Und trotzdem: Er hat Gott verhöhnt!

Drum bin ich sicher, dass ich's schaffe,
denn Gott ist meine stärkste Waffe."

Du liefst ins Tal, flink wie ein Wiesel
und schleudertest – es traf der Kiesel

direkt am Kopf. Man glaubt es kaum:
Er stürzt wie ein gefällter Baum.

Du hast mit seinem Schwert behänd
den Kopf von seinem Rumpf getrennt.

Man sieht, dass – wie in ruhigen Zeiten –
auf Gott Verlass ist auch beim Streiten.

1. Samuel 17

Saul

Verzeihung, großer König Saul –
da ist doch irgendetwas faul!

Du trachtest David nach dem Leben!
Du hast ihm doch dein Kind gegeben!

Er war's, der Goliat besiegte,
wofür er deine Tochter kriegte.

Hat dein und Gottes Lob gesungen.
War'n die Philister vorgedrungen,

dann jagte David sie davon
bis Aschdod oder Aschkalon.

Was hat dein Schwiegersohn getan?
Warum verfolgst du diesen Mann,

der vor dir unstet ist und flüchtig?
Ich sag's dir: Du bist eifersüchtig!

Du ärgerst dich, dass es ihn gibt,
nur weil er bei dem Volk beliebt.

Auch fürchtest du, wie unter Zwängen,
er könnte dich vom Thron verdrängen.

Doch dann hat er dich sehr beschämt.
Er war verstoßen und verfemt.

Gesucht mit höchstem Staatserlass,
verbarg er sich vor deinem Hass

im Wüstenland bei Engedi
und dacht': Hier findet Saul mich nie!

Doch jemand hat ihn dir verraten.
Du nahmst dreitausend Fußsoldaten.

Dann seid ihr in 'nem halben Bogen
am Toten Meer entlang gezogen.

Du sprachst zu dem, der zweiter Leiter:
„Ich komme nach. Zieht ihr nur weiter!

Ich muss dahin, wo – ihr versteht –
der Kaiser selbst zu Fuß hingeht."

Du gingst zu Fuß ein Stück bergan,
wo sich ein Loch hat aufgetan.

Doch was du nie geahnt, geschah:
Der, den du suchtest, war schon da.

Dein Schwiegersohn, die gute Seele,
verbarg sich hinten in der Höhle.

Und Männer, die sich zu ihm halten.
Zum Teil recht finstere Gestalten,

die gerne Partisanen spielten,
die unrecht sich behandelt fühlten,

warum auch immer, zur verhassten
Gesellschaft nicht so richtig passten.

Sechshundert Mann aus allen Sparten,
die sich um ihren David scharten.

Die saßen alle, dicht gedrängt
und zwischen Felsen eingezwängt,

in dieser Höhle ganz weit hinten.
Da solltest du sie niemals finden.

Hätt'st du sie aber hier gesucht –
es gäbe keinen Weg zur Flucht.

Doch Schluss mit „wenn“ und „ob“ und „hätte“ –
jetzt seh’n sie deine Silhouette

vom hintern Dunkel deutlich gegen
das helle Licht das Kleid ablegen.

Die Männer hauchten David zu:
„Schleich hin! Ein Stich – und du hast Ruh!

Die Chance hat dir Gott gegeben!“
Doch David sagte: „Saul soll leben!

Gott ließ ihn salben für sein Amt.
Wer ihn nun tötet, ist verdammt.

Das gilt, auch wenn sich Saul für diesen
Beruf unwürdig hat erwiesen.

Will Gott ihn tot, ob heut, ob morgen,
wird er dafür schon selber sorgen.“

Und doch schlich David mit dem Schwert,
ganz ohne dass du was gehört,

heran und schnitt mit ruhiger Hand
’nen Zipfel ab von dem Gewand.

Du hast, als das Geschäft beendet,
dann keinen Blick darauf verwendet,

ob das Gewand noch unversehrt,
und bist zum Heer zurückgekehrt.

Da rief dich David an, der hoch
am Berg stand, vor dem Höhlenloch.

„Saul!“, rief er, „was verfolgst du mich?
Ich bin doch gar nicht gegen dich!

Das denkst du nur in deinem Wahn!
Wollt ich's – ich hätt' es grad getan,

wo ich dich leicht erschlagen könnte,
doch nur dies Stück vom Mantel trennte!“

Da sahst du: Ja, der Mann hat Recht.
Er ist stets gut, und ich bin schlecht!

„Verzeih mir, lieber Schwiegersohn!
Bleib ruhig da! Ich gehe schon!“

Und es war Friede überall
und Freundschaft – bis zum nächsten Mal.

1. Samuel 24

Salomo

Du weiser König Salomo,
ach, ich bewundere dich so,

weil du ein Gottgeweihter bist,
der Weisheit nicht mit Löffeln frisst,

wie man so sagt. Vor Gott getreten,
hast du sie dir von ihm erbeten.

Da waren zwei Prostituierte,
von denen keine sich genierte,

ihr nicht sehr gottgefäll'ges Leben
vor dir ganz offen zuzugeben.

Die eine rief ganz außer sich:
„O großer König, höre mich!

Wir beide sind in einem Haus,
da geh'n die Männer ein und aus.

Nun kam's, dass ich ein Kind gebar.
Ich weiß nicht, wer der Vater war.

Und wie es so der Zufall wollte –
drei Tage später nur, da sollte

die dümmste aller dummen Ziegen
auf einmal auch ein Söhnchen kriegen.

Na gut, da muss man nicht viel können.
Ich will ihr auch ihr Baby gönnen –

doch niemals gönne ich ihr meins!"
Die andre schrie: „Es ist nicht deins!",

dass sich die Stimme überschlug.
Das Kind, das auf dem Arm sie trug,

begann zu weinen, sehr erschreckt.
„Still! Ich verlange mehr Respekt!",

so sagtest du. „Gemach, gemach!
Berichtet mir der Reihe nach!"

„Du weißt ja, König Salomon:
Es wünscht sich jede einen Sohn.

Speziell in unserem Gewerbe
ist hochwillkommen so ein Erbe,

bei dem man, wenn die Schönheit schwindet,
im Alter noch Versorgung findet!“

„Ich weiß, ich weiß! Nun komm zur Sache!“
„Wir wohnen unter einem Dache

und nehmen mangels einer Wiege
die Kinder mit auf uns're Liege.“

„Die blöde Kuh – die ist verrückt! –
sie hat ihr Kind im Schlaf erdrückt!

Als sie das merkte, morgens früh,
stand leis' sie auf, dann legte sie

ihr totes Kind zu mir aufs Kissen,
hat unter'n Nagel sich gerissen

mein Kind, das süße, kleine Wesen,
als sei es immer ihr's gewesen.“

Da schrie die andre: „Unerhört!
Es war gerade umgekehrt!“

„Wer Recht hat, lässt sich nicht entscheiden“,
sprachst du. „Wir woll'n das Kind zerschneiden.

Damit die zwei zufrieden sind,
gebt jeder Frau ein halbes Kind!“

Die eine schrie: „So soll es sein!“
Die andre aber: „Halt! O nein!

Eh ihr es tötet“, rief sie bebend,
„gebt es der andern lieber lebend!“

Du lächeltest und sprachst Gericht:
„Weil so nur eine Mutter spricht,

hat diese Frau gerad mit diesen
spontanen Worten Recht bewiesen.

Gebt ihr das Kind, weil’s ihr gehört!“
Ja, du fand’st Recht auch ohne Schwert.

Und deine Weisheit sprach sich rum.
Es mehrte sich dein Eigentum.

Es wuchsen Tempel und Paläste.
Von ferne kamen hohe Gäste,

zum Beispiel Sabas Königin –
sie sah den Glanz und schmolz dahin.

Apropos schmolz – du ließest graben
nach Kupfer, Zinn und solchen Gaben

für Waffen großer Festigkeit –
es war gerade Bronzezeit.

Auch hab'n Phönizier-Gastarbeiter
– die waren darin schon viel weiter –

manch Schiff gebaut und auch bemannt.
Sie segelten in fernes Land

und kehrten mit viel Gold zurück.
Gewaltig war dein Ruhm und Glück!

Doch fällt bei allem Schulterklopfen
in deinen Ruhm ein Wermutstropfen:

Dein Harem hatte tausend Damen,
die meist aus fremden Ländern kamen.

Hätt' da nicht eine auch gereicht?
Bald war dein Glaube aufgeweicht.

Verfallen bist du ihnen, hast
dich ihrem Denken angepasst.

Dein Glaube starb dabei ganz leise …
Das, Salomo, war gar nicht weise.

1. Könige 3

Elia

Elia, ach, du leidest sehr.
Denn ein Prophet, der hat es schwer:

Das Volk erweist sich immerfort
desint'ressiert an Gottes Wort.

Auch Ahab, momentan der König,
ihn int'ressiert das herzlich wenig.

Und seine Gattin Isebel
verführt das ganze Israel,

Jachwe den Rücken zuzukehren,
stattdessen den Gott Baal zu ehren.

Der Götzendienst kann sich entfalten.
Und die noch Gott die Treue halten

lässt Ahab mit dem Schwerte richten,
wenn sie nicht leugnen oder flüchten.

Du sprachst zu Ahab im Palast:
„Hör zu! Weil du gesündigt hast

und dieses Volk, so soll euch allen
nun jahrelang kein Regen fallen!

Als Strafe trifft euch diese Plage
so lang, bis ich was andres sage."

Eh' Ahab sich noch recht bedacht,
hast du dich aus dem Staub gemacht.

Die Sonne brannte glühend heiß,
und von der Stirne rann der Schweiß.

Die Quellen überall versiegten,
sodass sie kaum zu trinken kriegten.

Die Tiere, die kein Wasser hatten,
die lagen sterbend nur im Schatten.

Und, was die Not noch mehr verschlimmert,
das Korn war auf dem Feld verkümmert,

sodass zum Durst der Hunger kam,
der manchem schon das Leben nahm.

Die Isebel rief angesichts
der Not Gott Baal, doch der tat nichts.

Und Ahab konnte nur noch fluchen
und ohnmächtig den Schatten suchen.

So ging das Elend knapp drei Jahre.
Und du? Gott hat auf wunderbare

und göttlich einzigart'ge Weise
dich durchgebracht auf einer Reise.

Erst brachten Brot dir lauter Raben –
wer weiß, woher die so was haben!

Dann bist du treu verköstigt worden
von einer Witwe, mehr im Norden,

die zu 'nem fremden Volk gehörte
und deren Ölkrug nie sich leerte,

wieviel man auch herausgegossen –
es ist stets Neues nachgeflossen.

So ging's, trotz reichlichem Verbrauch,
dann mit dem Mehl im Kasten auch.

Und so verging die Zeit dir schnell.
Gott sprach: „Nun geh nach Israel!“

Du gingst direkt zu König Ahab.
Der schrie: „Dass ich dich endlich da hab'!

Dass du dich blicken lässt bei Hofe!
Durch dich kam doch die Katastrophe!"

Da sagtest du: „Warum der Hass?
Ich glaube, du verwechselst das!

Ich hab's Gericht, weil ihr gesündigt,
doch nicht gemacht, nur angekündigt!

Komm du mit allen Baalsanbetern
und allen wicht'gen Volksvertretern

zum Karmel, nach drei Tagen Frist!
Da seh'n wir, wer Gott wirklich ist."

Hoch auf dem Berge Karmel war
seit alter Zeit ein Steinaltar.

Vierhundertfünfzig Baalspropheten
sah man auf eine Seite treten

und auf die and're du allein.
Nun kamt ihr alle überein:

Ein jeder solle wegen Regen
auf den Altar ein Opfer legen,

doch ohne dieses anzuzünden.
Was dann geschehe, würd' sich finden.

So suchten nun die Baalspropheten
mit Selbstkasteiung und mit Beten,

Baal mög' das Opfer, das sie brachten,
doch bitte länger nicht verachten.

Als nichts geschah, trotz viel Geschreie,
da kamst du endlich an die Reihe.

Du ließest holen sehr viel Wasser
und machtest alles nass und nasser.

Das Opfer triefte ungeheuer,
und dann – du batest Gott um Feuer.

Da brannten Opferfleisch, Gebeine
und am Altar sogar die Steine.

Welch ein Triumph für dich! Doch leider –
der Götzendienst ging trotzdem weiter.

Nur eins war danach doch ein Segen:
Du batest Gott – der schickte Regen.

1. Könige 18

Ahab

Ach, Ahab, hast du nichts gelernt?
Wenn einer sich von Gott entfernt

und gar noch fremden Göttern huldigt,
wenn der sich nicht bei Gott entschuldigt

und schlägt nun neue Wege ein,
dann bleibt er unter Gottes „Nein".

Bei dir blieb alles so wie immer.
Und schließlich kam's sogar noch schlimmer!

Bei Jesreel hattest du ein Schloss.
Der Park darum war schon recht groß.

Du fand'st ihn aber noch zu klein,
er sollte noch viel größer sein.

Nun lag ein Weinberg gleich daneben.
„Na gut, dann kaufe ich den eben."

Und siegessicher bot'st du dies
dem Eigner an, der Nabot hieß.

„Nabot, verkauf mir das Gelände
für gutes Geld, bar auf die Hände!

Mit Tauschen wär ich auch zufrieden.
Ich hab' da einen Hang nach Süden

mit gutem Boden, sanfter Schräge,
der bringt noch bessere Erträge."

Doch Nabot sprach: „Dies ist mein Erbe,
das niemand kriegt, bis ich mal sterbe.

Ich will gern weiter Trauben keltern
im Weinberg meiner Urgroßeltern."

Da warst du, Ahab, tief verletzt,
gingst heim, hast dich ins Eck gesetzt,

wollt'st niemand sehen, gar nichts essen,
und deine Wut stieg unermessen,

warst sauer und hast sehr geschmollt,
weil du nicht kriegst, was du gewollt.

Da fragt Isebel, deine liebe
Gemahlin, wo dein Frohsinn bliebe.

Du sagtest's ihr. Mit gift'gem Lachen
sprach sie: „Sei still! Lass mich nur machen!“

Hier, Ahab nun, bei allem Schmollen,
hätt'st du hellhörig werden sollen!

„Na ja“, hast du gedacht – „mal warten,
dass sie beschafft mir diesen Garten.“

Und Isebel, das fiese Weib,
beschloss, dass sie statt Ahab schreib,

nahm dein Papyrus, deinen Stift,
und fälschte deine Unterschrift.

An Räte, Richter, Bürgermeister
schrieb sie: „Ein Bürger, Nabot heißt er,

den sollt ihr, ohne viel zu fragen,
der Gotteslästerung verklagen.

Den König hat er auch beleidigt.
Schnappt Nabot! Wenn er sich verteidigt,

bestecht zwei Zeugen! Jeder schwört,
er habe eben dies gehört.

Zwar wisst ihr's, doch ich sag's nochmal:
Zur Besserung der Volksmoral,

zur ethisch-klaren Reinigung,
gilt: Darauf steht die Steinigung!

Bald ist der Kerl nicht mehr vorhanden!
Ich denk' wir haben uns verstanden!"

Man steinigte den armen Mann.
Und, Ahab, was hast du getan?

Sein Erbe fiel dem König zu.
Und recht zufrieden warest du,

das Land mit dieser sehr bequemen
Methode in Besitz zu nehmen.

So gingst du, ein gekrönter Fiesling,
durch Spätburgunder oder Riesling,

und freutest dich – und plötzlich steht
vor dir Elia, der Prophet.

Der sagte: „Höre, was Gott spricht:
Was du getan, gefällt mir nicht!

Ich bringe Unglück, Angst und Sterben
drum über dich und deine Erben.

Ausrotten will ich dein Geschlecht.
Für Isebel gilt das erst recht:

Weil ihr die fremden Götter hattet,
stirbt sie in Schande, unbestattet,

und Hunde soll'n in jenen Tagen
das Fleisch von ihren Knochen nagen."

Die Botschaft ging dir an die Nieren,
begann dich sehr zu deprimieren.

Nun wolltest du dein Leben ändern,
trennt'st dich von deinen Festgewändern

und trugst nur einen Lendenschurz
aus Wolle – billig, dreckig, kurz.

Durch Fasten wolltest du und Schweigen
ganz deutlich deine Reue zeigen.

Elia sprach, von Gott geführt:
„Der Herr bleibt niemals ungerührt,

wenn wer zur Buße ist bereit.
Drum gibt er dir noch etwas Zeit."

1. Könige 21

Naaman

Hatt' Syriens König Sorgen, dann
rief er gleich dich, den Naaman.

Konnt' er schlecht stehen oder sitzen,
musst' er auf deinen Arm sich stützen.

War er um einen Rat verlegen,
so fragt' er seinen Chefstrategen,

den Krieger, groß und muskulös.
Doch leider warst du auch – leprös.

Du littest an dem Schicksal schwer.
Du hattest damals als au pair

– als Sklavin, ganz genau genommen –
ein Mädchen, das zu euch gekommen

als Beute bei 'nem Überfall
auf Israel, beim letzten Mal.

„Wärst du“, sprach es, „mit deinen Nöten
in Israel bei dem Propheten,

– wär' deine Haut auch noch so wund –
der machte dich im Nu gesund.“

Das Wort in dir die Hoffnung nährte.
Du gingst zum König. Als der hörte,

es wär' ne Heilungschance da,
sprach er: „Zieh nach Samaria!

Ich schreibe meinem Amtskollegen,
er soll sofort gesund dich pflegen.“

So zogst du zu dem fernen Orte
mit einer Militär-Eskorte,

zehn Säcken Silber – dieses war
gedacht als Ärztehonorar,

das zur Bezahlung dienen sollt' –
und noch sechstausend Stücken Gold.

Dort in Samaria angelangt
hast du für den Empfang gedankt,

den Brief dem König überreicht –
und dann geseh'n, wie er erbleicht.

Man bracht' euch in die Gästesuite.
Der König aber schrie: „Man sieht,

wie dieser syrische Tyrann
mich provoziert, wo er nur kann!

Der sucht durch seinen Feldmarschall
nur Grund für einen Überfall."

Das hörtest du nun freilich nicht.
Man wahrte höflich das Gesicht,

wie es ja unter Diplomaten
gebräuchlich ist, und auch geraten.

Man lotste dich mit deinem Tross
weg von dem königlichen Schloss

zu einer schlichten, kleinen Hütte.
„Hier bist du recht mit deiner Bitte!

Wenn einer helfen kann, dann er!"
Seltsamerweise warf nun der

gar keinen Blick auf die Geschwüre!
Er trat noch nicht mal vor die Türe!

Kein Staatsempfang, kein Händereichen,
kein Zauberspruch, kein Salbenstreichen!

Elisa schickt, als Boten quasi,
nur seinen Diener, den Gehasi.

Der warf sich auch nicht dir zu Füßen.
Sprach nur: „Elisa lässt dich grüßen.

Soll deine Krankeit wieder heilen,
so solltest du zum Jordan eilen,

und tauche siebenmal drin unter!"
Du riefst: „Das wird ja immer bunter!

Weiß der Elisa, wer ich bin?
Was hat das Baden für 'nen Sinn?

Ach, wär ich gar nicht hergekommen
und nur in unserm Fluss geschwommen!"

Kehrt machtest du, um zornentbrannt
zu reisen in dein Heimatland.

Doch ein paar Diener, Sekretäre,
die sagten: „Gnäd'ger Herr, was wäre,

wenn der Prophet ganz große Dinge
gefordert hätte, statt geringe?

Du hättest es bestimmt getan!
Und nun, verehrter Naaman,

versuche es doch mal mit Baden!
Zumindest kann es dir nicht schaden."

So wuschst du dich, der General,
im Jordanwasser, siebenmal.

Und als du kamst herausgestiegen,
sah'n sie dich neue Glieder kriegen,

und fleckenfreie Haut, wie Knaben
sie nur in ihrer Jugend haben!

Begeistert sprangst du auf dein Ross,
rittst zu Elisa mit dem Tross

und danktest diesem Gottesmann,
und botst ihm auch Geschenke an,

sprachst, als der alles abgelehnt:
„Bin nicht an deinen Gott gewöhnt.

Doch will ich künftig auf ihn hören
und ihn mit meinen Opfern ehren."

2. Könige 5

Hiskia

Hiskia! Einen Augenblick!
Gestatte mir etwas Kritik!

Doch nein, vorm kritisch Hinterfragen
soll man was Positives sagen.

Nicht nur, weil man das tut als Christ,
auch weil's durchaus berechtigt ist.

Es ist aus deinen frühen Tagen
dir sehr viel Gutes nachzusagen.

Zum Beispiel hast du Götterzeichen,
Ascherabilder und dergleichen,

die rings im Land auf Judas Höhen
verführerisch als Götzen stehen

bereits seit König Jorams Tagen,
herausgerissen und zerschlagen.

Auch gab es noch die Kupferschlange
auf einer langen, hohen Stange,

die Mose damals aufgestellt,
dass, die vom Schlangenbiss gequält,

geheilt war'n, wenn sie auf sie sah'n.
Man nannte sie jetzt Nehuschtan,

und hat sie wie ein Gott verehrt.
Du fandest es ganz unerhört,

dass man da Opfer abgebrannt,
dass auf 'nen toten Gegenstand

statt auf Gott selbst das Lob sich richtet.
Du hast die Schlange ganz vernichtet.

Du hast den Tempel auch erneuert
und alles Götzenwerk gefeuert.

Auch war im Volke fast vergessen
das gottgegeb'ne Passah-Essen.

Du hast, weil Gott dein Herz berührt,
es damals wieder eingeführt.

Du warst, Hiskia, in dem allen
ein Mann zu Gottes Wohlgefallen.

Dann – hab' ich in der Schrift gelesen –
bist du ganz wunderbar genesen,

wie du es gar so gerne wolltest,
als eigentlich du sterben solltest.

Du hast geweint, Gott angefleht.
Da kam Jesaja, der Prophet,

zu dir in deinen Prachtpalast
und sprach: „Weil du gebetet hast,

gibt Gott, der Große, Unsichtbare,
dir doch noch weit're fünfzehn Jahre."

Du warst natürlich hocherfreut!
Doch die geschenkte Lebenszeit

hast du dann wohl nicht so verbracht,
wie Gott wahrscheinlich sich's gedacht.

Dein Herz, das hat sich überhoben.
So steht es da. Statt Gott zu loben,

der gab, dass du nicht früh verblichen,
hast du das Lob selbst eingestrichen.

Doch traf des Herren Strafgericht
erst deine Söhne, dich noch nicht.

Jesaja, als er das erwähnte:
„Gott schenkt dir anderthalb Jahrzehnte!“,

und legt’ ein Pflaster auf von Feigen,
sprach auch dazu: „Gott will dir zeigen

mit einem Wunder, dass es stimmt,
dass er dir nicht das Leben nimmt.

Siehst du die alte Sonnenuhr?
Ein Stab auf einer Hauswand nur:

Der Schatten dreht die halbe Runde
am Tag und zeigt dabei die Stunde.

Nun wähl’! Du kannst es dir bestellen;
soll dieser Schatten vorwärts schnellen,

als ob die Stunden rasch vergingen?
Soll er am Ende rückwärts springen?“

Da sagtest du: „Er soll zurück!
Ein Tag in einem Augenblick!

Nach vorne geht er ja recht häufig,
doch ziemlich selten gegenläufig!“

So kam's dann auch. Du konnt'st dich freu'n
und deines Lebens sicher sein.

Was da zurückging, war ja nur
der Schatten auf der Sonnenuhr.

Die Zeit an sich, das kannst du glauben,
ist niemals mehr zurückzuschrauben.

„Man müsste noch mal zwanzig sein" –
das geht nicht! Bilde dir nichts ein!

Du lebtest nur zurückgewandt,
statt vorzugeh'n an Gottes Hand!

Du spieltest lauter infantile
unwürd'ge Selbsterhöhungsspiele.

Und solltest in den fünfzehn Jahren
doch wachsen, reifen, Gott erfahren!

Er mache mich dazu bereit,
dass auf den letzten Abschnitt Zeit,

den er mich noch am Leben hält,
am Schluss nicht noch ein Schatten fällt.

2. Könige 20 / 2. Chronik 32

Jeremia

Da bist du, Jeremia, jetzt
doch ganz außer Gefecht gesetzt

in einer trockenen Zisterne!
Siehst über dir nur nachts die Sterne

und tags ein Stück vom Himmelsblau,
rings um dich Schlamm, schwarz, grün und grau,

durch den die Fadenwürmer kriechen.
Beginnst selbst wie der Schlamm zu riechen,

von dem die üblen Fäulnisgase
dir steigen beißend in die Nase.

Nachts frierst du hier in diesem Loch.
Doch kaum steigt dann die Sonne hoch,

da staut sich hier die Sonnenglut.
Das fördert dann die Mückenbrut.

Du hungerst tags wie in der Nacht,
denn niemand hat dir was gebracht.

Du bist in diesen wen'gen Wochen
schon abgemagert auf die Knochen.

Kein Wunder, dass dein Magen leer –
die andern haben auch nichts mehr.

Jerusalem, die schöne Stadt,
die sonst ja alle Fülle hat,

wird hart belagert, wurd' zur Falle,
denn Brot und Fleisch sind ziemlich alle.

Der letzte Rest der Vorratshaltung
ist nur für König und Verwaltung

und für die Kämpfer auf den Zinnen,
dass die doch noch den Krieg gewinnen.

Du weißt ja längst: Dazu kommt's nie!
Denn schon seit Jahren warnst du sie:

Ihr solltet euch den Feinden stellen,
den Babyloniern vor den Wällen,

und in Gefangenschaft begeben!
Dann bleibt ihr wenigstens am Leben.

Wer meint, verteidigen zu müssen,
wird das mit seinem Tode büßen.

Seit Jahren nutztest du schon jede
Gelegenheit für diese Rede:

„Weil ihr von Gott euch abgewandt,
gibt er euch Babel in die Hand!“

Das hat dich auch hierher gebracht,
da man sich nicht grad Freunde macht,

wenn man stets mahnt und schweigt nie still
und ruft, was keiner hören will.

Weil Militärs es selten schätzen,
wenn man die Wehrkraft will zersetzen.

Nur einer schätzte dich, den Mahner,
und dieser war ein Afrikaner.

Dem Mann, der Ebed-Melech hieß,
dein Schicksal keine Ruhe ließ.

Denn erstens, dacht er, ist doch klar:
Was Gott spricht, bleibt auch dann noch wahr,

wenn man den Boten bringt zum Schweigen.
Das wird sich noch erschreckend zeigen.

Und zweitens tatest du ihm Leid.
So war er schließlich auch bereit,

mit Mut zu sagen klipp und klar,
was seine Überzeugung war.

Der König saß gerad am Tor,
da trat zu ihm der fromme Mohr.

„Der König mög' sein Ohr mir leihen!
Das Unrecht muss zum Himmel schreien:

Der Gottesmann sitzt immer noch
in diesem mörderischen Loch!

Weil er nur Gottes Worte spricht –
und die gefallen manchen nicht!

Was ist der Grund? Ich frag: Warum?
Da unten kommt er nämlich um!"

Der König war durchaus nicht gütig,
doch war er ziemlich wankelmütig

und gab meist dessen Wünschen nach,
der grad als Letzter zu ihm sprach.

In diesem Fall war das ein Segen:
„Hol' ihn nach oben, meinetwegen!"

Der Mohr lief schnell, sich ein paar Lumpen
aus seines Königs Schrank zu pumpen.

Die warf er dann zu dir hinab.
„So polstere die Arme ab!

Hier kommt ein starkes Seil, das musst
du knoten dir um deine Brust!"

Man zog dich hoch. Und schließlich stand
ein hag'rer Mann am Brunnenrand –

zwar äußerlich nur Haut und Knochen,
doch innerlich ganz ungebrochen.

Bleibt zu ergänzen, eh wir schließen:
Bald kam das große Blutvergießen.

Wie es das Gotteswort verhieß:
Fast jedermann sein Leben ließ.

Du, Jeremia, warst noch da –
und jener Mann aus Afrika.

Jeremia 38

Schadrach

Du, Schadrach, mit den zwei Gefährten,
die sich im Glauben wohl bewährten,

du trugst zum Schluss den Sieg davon
beim Herrscher über Babylon.

Der hat auf einem weiten Feld
ein Riesen-Standbild aufgestellt.

Ein Götze. Doch man sagt, er trüge
Nebukadnezars eigne Züge.

Das Ding war höher als ein Haus
und sah auch ziemlich prächtig aus:

Mit echtem Goldblech – ungelogen! –
von Kopf bis Füßen überzogen.

Nun ging in sämtliche Provinzen
der Ruf des Königs: Alle Prinzen,

die Fürsten und die Mächtigen,
die Schönen und die Prächtigen,

die wichtigen Provinzstatthalter,
die königlichen Schlossverwalter,

die Staatsanwälte und die Richter,
die Philosophen und die Dichter,

die Würdenträger, Präsidenten,
die Großen und die Prominenten,

die Künstler und die klugen Geister,
die Handwerks- und die Bürgermeister,

die Reichen und die Einflussreichen
von Häuptlingen bis zu den Scheichen,

kurz: Alles was in Land und Stadt
nur irgend Rang und Namen hat,

dass die hierher zu bringen seien,
das goldne Standbild einzuweihen.

Zum Massentreff, des Standbilds wegen,
kamst du auch, Schadrach, mit Kollegen.

Denn irgendwie gehörtest du
mit den zwei Freunden auch dazu.

Nun rief ein Herold überlaut:
„Wenn man hier auf die Pauke haut,

wenn die Posaunen und Trompeten,
wenn Harfen, Zittern, Lauten, Flöten,

wenn das Orchester laut erklingt,
will ich, dass jeder niedersinkt,

ihr alle hier auf dem Gefilde,
aus Ehrerbietung vor dem Bilde.

Wer stehenbleibt, wird kurzerhand
im Schmelzhochofen dort verbrannt."

Und kaum war der Befehl ergangen,
hat schon die Musik angefangen.

Die Leute fielen wie gemäht.
Nur einzig ihr drei Freunde steht.

Die Bläser blasen, Streicher streichen,
ihr aber steht da wie drei Eichen.

Die andern alle liegen flach.
O Schadrach, das gibt Ungemach!

Gleich schleppte man euch vor den Thron.
„Ich lass euch eure Religion“,

der große Herrscher wütend schrie,
„geht vor dem Bild ihr in die Knie.

Ich will euch noch ’ne Chance geben.
Wenn gleich ihr kniet, bleibt ihr am Leben.

Wenn nicht, dann wird der Henker tätig.“
„Der zweite Test ist gar nicht nötig,

weil Gott den Götzendienst verbot.
Das gilt auch, wenn der Tod uns droht

und wenn wir hundert Chancen hätten!
Wenn Gott will, kann er uns erretten.

Wenn nicht – nun gut, dann sei’s gewagt!
Wir tuen doch, was er uns sagt.“

Klar, euer treuer Glaubensmut,
der brachte ihn noch mehr in Wut.

Und er befahl mit Racheschwüren,
den Ofen extra heiß zu schüren.

Elitekrieger banden euch
zu festen Bündeln, Mumien gleich,

um euch die langen hohen Treppen
zum Ofenloch hinaufzuschleppen.

Dort sanken sie gleich tot zusammen,
verbrannt von himmelhohen Flammen.

Nebukadnezar hat entzückt
ins unt're Feuerloch geblickt.

Ihr wärt, so hat er angenommen,
als Asche unten angekommen.

Doch da ertönt ein Schreckensschrei:
„Die Männer – waren es nicht drei?

Ich sehe aber sie zu vieren
dort in der Glut herumspazieren.

Und sie sind völlig unbeschädigt!
Ein Engel auch! Ich bin erledigt!

Kommt raus, ihr dreie, Mann für Mann!
Verzeiht, was ich euch angetan!

Der euch von meinem Zorn erlöste,
der Gott ist wohl der Allergrößte!"

Daniel 3

Nebukadnezar

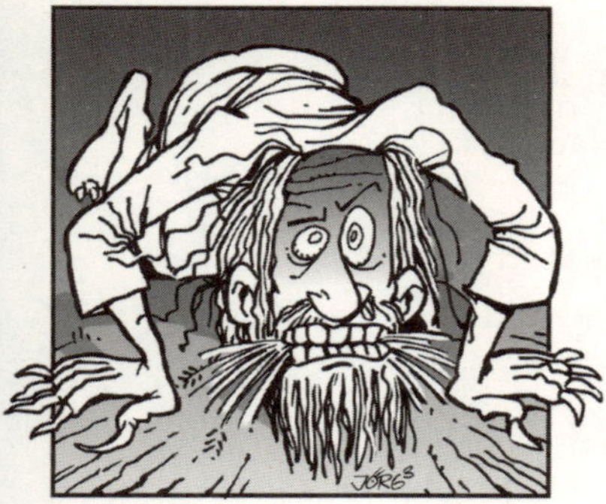

Nebukadnezar, zürne nicht!
Ich flechte mal in mein Gedicht

jetzt deine Wahnsinns-Story ein.
Es wird dir sicher peinlich sein.

Doch hast du es ja selbst verbreitet,
dass, wer die Grenze überschreitet,

sich fast für Gott persönlich hält,
dass der dann umso tiefer fällt.

Doch wer zu Gott lenkt seinen Blick,
der findet auch den Weg zurück.

Dir war das große Werk gelungen:
Die Nachbarvölker war'n bezwungen,

fast alles, was noch übrig bleibt,
war deinem Reiche einverleibt.

Das riesige und starke Babel
war sozusagen nun der Nabel

der Welt. Stolz aufgebaut vom Zehnten
aus unterworf'nen Kontinenten.

Du warst nun der allein'ge Herr,
Großkönig, Feldmarschall und mehr.

Die Macht weit über Meer und Land,
vereint in einer einz'gen Hand.

Kein Wunder, dass der Herr der Welt
sich selbst für Gott auf Erden hält.

Es haben Kaiser und Despoten
stets schon sich darin überboten,

sehr viele Steine aufzuschichten
und große Bauten zu errichten.

Sind sie schon sterblich, soll'n die Mauern
Jahrtausende doch überdauern,

und denen, die sie später finden,
von ihrer Macht und Größe künden.

Das war's, was du empfunden hast,
als auf dem Dach von dem Palast

du gingst spazier'n, und runter schautest
auf all die Pracht, die du erbautest.

Der hohe Turm konnt' dich entzücken,
dazu die vielen Euphratbrücken,

Paläste, Schlösser, Pferdeställe,
und rundherum die dicken Wälle,

breit, dass bequem ein Rossgespann
auf seiner Krone fahren kann.

Gleich doppelt dieser Mauerkranz –
welch eine Stadt! Und welch ein Glanz!

„Dies alles ist mein Eigentum!
Ich hab's gebaut zu meinem Ruhm!

Ich bin der Größte! Wer will Ehren
und Macht und Lobpreis mir verwehren!"

Du schriest. Doch schien's den andern allen,
als sei dein Rufen nur ein Lallen.

Die Diener und die Sekretäre
erschraken, was denn das wohl wäre.

Sie sah'n dein unstet-wirres Gucken,
unkontrolliertes Gliederzucken.

Dein Rufen, Gurgeln wurde endlich
für alle völlig unverständlich.

Entsetzt sah'n all' die vielen Leute:
Du warst des Wahnsinns fette Beute.

Wie Mediziner und Doktoren
dir nun in Geist und Seele bohren,

sich müh'n, dich wieder hinzukriegen,
wird im Bericht diskret verschwiegen.

Gerüchte aber gab's, wie diese:
Du grastest hinten auf der Wiese.

Statt Wein tränkst du die Euphratbrühe,
statt Braten nahmst du Gras wie Kühe,

und mampftest statt aus gold'nen Kesseln,
nur mit den Zähnen Klee und Nesseln.

Du trugst nur ein zerrissnes Hemd,
das Haar wuchs lang, ganz ungekämmt,

die Nägel an den Fingern allen,
die waren lang wie Vogelkrallen,

du lagst im Dreck und hast gestunken!
O nein, wie tief warst du gesunken!

Doch dann aus Gnade – welch ein Glück! –
gab Gott dir den Verstand zurück.

Er prüfte dich. Es war ein Test,
ob du dich wieder blenden lässt

von eig'ner Größe, eig'ner Macht.
Ob du zur Einsicht warst gebracht?

Das warst du wohl. Du hast erkannt
mit neu verliehenem Verstand:

„Wer bin ich schon! Was ist ein König!
Vor Gott ist jeder klein und wenig.

Gott ist der Spieler, wir sind nur
wie eine schlichte Schachfigur,

die er nach seinem eignen Plan
in dieser Welt verschieben kann.

So hat er mich auch matt gesetzt.
Er ist der Herr! Das weiß ich jetzt!"

Daniel 4

Belsazar

Es war, Belsazar, solch ein Fest,
wie sich's nicht überbieten lässt.

Wie Hochzeit, Jubiläumstag
und was man sonst noch feiern mag,

auf einen einz'gen Tag gelegt.
Die Diener brachten unentwegt

die feinsten aller Hochgenüsse.
Hinabgespült durch wahre Flüsse

von Wein, die aus den goldnen Kannen
und Bechern durch die Kehlen rannen.

Rund tausend ausgewählte Leute –
wer immer deiner Gunst sich freute:

Verwalter, die sich schon bewährten,
Gespielinnen und Kampfgefährten,

die willigen Befehlsvollstrecker,
die königlichen Stiefellecker.

Hier labt sich die Beamtengruppe
an köstlicher Kamelschwanzsuppe.

Dort sieht man einige Mätressen
beim Tratschen und Kaninchenessen.

Und da verschlingen bergeweise
zwei Königstanten Honigspeise.

Ein Hofmarschall verspeist mit Lust
gebratene Fasanenbrust.

Majore machen sich's gemütlich
und tun am edlen Wein sich gütlich.

Was feiert ihr? Warum der Trubel?
Gibt's einen Grund für diesen Jubel?

Im Gegenteil! In diesem Saal
nimmt mancher grad sein Henkersmahl.

Denn während ihr hier drin zumeist
nur fresst und sauft und Witze reißt

und gröhlt und euch vor Lachen kringelt,
ist eure Stadt vom Feind umzingelt!

Die Perser und die Meder lauern
gefährlich draußen vor den Mauern.

Traust du, Belsazar, auf die Wälle,
fühlst sicher dich für alle Fälle?

Ahnst du vielleicht den Sieg der Feinde
und sammelst deine Fan-Gemeinde,

um so mit Wein, Weib und Gesängen
die Angst im Herzen zu verdrängen?

Wie dem auch sei – du, König, gibst
ein Fest, und alle sind beschwipst.

Du schriest: „Bringt mir die Becher, welche
mein Vater raubte, und die Kelche

und all den andern goldnen Krempel
aus dem Jerusalemer Tempel!“

Man brachte es und goss dir Wein
in einen heil’gen Becher ein.

Du trankst in einem Zug ihn leer,
als wenn das nichts Besondres wär,

und alle taten es dir gleich.
Da sahst du plötzlich, schreckensbleich,

wie eine unsichtbare Hand
schrieb gegenüber an die Wand.

Ein „Mene tekel u-parsin“
als Schrift auf weißem Grund erschien.

Der Schreck, die Angst und das Erschüttern
ließ Knie schlottern, Beine zittern,

und alle blickten wie gebannt
auf diese Botschaft an der Wand.

„Was ist das für ein Geist gewesen?“,
so schriest du laut. „Wer kann das lesen?

Schickt schnell nach allen klugen Leuten!
Sie sollten kommen und es deuten!“

Als all die Weisen endlich kamen,
in Augenschein die Zeichen nahmen

– Mund staunend offen, Augen groß –,
war klar: Auch die sind ahnungslos.

Da sagte deine Mutter: „Schnell,
ruf den Gelehrten Daniel!

Dein Vater hat von diesem Alten
schon seinerzeit sehr viel gehalten!“

Er kam. „Ich habe sagen hören“,
sprachst du, „du könntest das erklären.

Stimmt das, dann mach ich dich sogleich
zum dritten Mann in meinem Reich!“

Er sprach: „Ich brauch kein Honorar!
Was ich dir sag’, ist trotzdem wahr.

Das ‚Mene‘ heißt ganz ohne Frage:
‚gezählt‘ sind deine Erdentage.

Und ‚tekel‘ heißt: Was du erreicht,
das ist ‚gewogen‘ und zu leicht.

‚U-parsin‘ heißt – das sollst du wissen –
dein Königreich wird nun ‚zerrissen‘.

Die Perser und die Meder werden
ab jetzt die größte Macht auf Erden.“

Du wurdest, wie es Gott versprochen,
noch in derselben Nacht erstochen.

Daniel 5

Daniel

Ja, Daniel, so ist es leider:
Wer den Erfolg hat, hat auch Neider.

Nun, die Erfahrung macht wohl jeder.
Bei König Darius, dem Meder,

warst du – trotz fortgeschritt'nem Alter –
der höchste Generalverwalter.

Doch andre suchten, Neid im Herzen,
dich nun beim König anzuschwärzen.

Sie suchten lang zu diesen Zwecken.
Es hat doch jeder Dreck am Stecken!

Es gibt doch keinen ohne Sünden!
Wer gründlich sucht, wird auch was finden!

Doch nichts war! Keine Halbweltdame,
Betrug nicht, keine Vorteilsnahme,

auch nicht der winzigste Skandal!
Na, so was ist doch nicht normal!

Nun gut, hat Daniel wirklich keine
Verfehlung, konstruier'n wir eine!

Sie beugten vor dem Herrscher sich:
„Der König lebe ewiglich!

Ach, welch ein Vorrecht ist's auf Erden,
von Darius regiert zu werden!

So klar ist leider das nicht allen.
Drum sind wir auf den Plan verfallen,

du mögest ein Gesetz erlassen –
wir könnten es für dich verfassen –,

wo jedem wird das Recht bestritten,
von irgendjemand was zu bitten.

Dir ganz allein in dreißig Tagen
mag seine Bitten man vortragen.

Denn so erkennt der Dümmste gleich:
Nur durch den König sind wir reich.

Gesetz der Perser und der Meder
ist unauflöslich – das weiß jeder.

Und übertritt's ein böser Bube,
so kommt er in die Löwengrube."

Darius fühlte sich geschmeichelt
wie jeder, dessen Ich gestreichelt.

Durchschaute nicht ihr übles Treiben.
„Macht nur! Ich werde unterschreiben!"

Du hatt'st zur Regel dir erhoben,
dreimal am Tage Gott zu loben.

Du sankst dabei auf deine Knie,
und das bei offner Jalousie

am Fenster nach Jerusalem.
Die Feinde konnten ganz bequem

von unten seh'n, wie du mit Beten
des Königs Regel übertreten.

Du ahntest bei der Regel zwar,
dass sie für dich geschmiedet war.

Doch hast du nicht klein beigegeben.
„Wenn's sein muss, nehmt mir halt das Leben!

Doch meinen Gott müsst ihr mir lassen!
Nicht beten? Könnte euch so passen!

Was wäre denn ein Glaube wert,
der sich in Krisen nicht bewährt?

Ich tu für Darius meine Pflicht,
doch über Gott steht er mir nicht!"

Der König hat dich wohl geliebt
und war darum auch sehr betrübt,

als ihm die Neider hinterbrachten,
du würdest sein Gebot missachten.

Trotz der Intrige, Neid und Tücke,
sucht' Darius 'ne Gesetzeslücke.

Doch das Gesetz war wasserdicht.
„Ach, Daniel, das wollt' ich nicht!

Wir müssen das Gesetz erfüllen."
Da unten schon die Löwen brüllen,

die – das ist Absicht – dort im Graben
schon lange nichts gefressen haben.

„Ach, Daniel, schwer ist mein Herz!
Vielleicht geht's schnell und ohne Schmerz!"

So warf man dich hinunter schließlich.
Die Löwen – gar nicht sehr verdrießlich –

begrüßten dich mit sanftem Schnurren,
statt laut zu brüllen und zu knurren.

Ihr ganzer Hunger schien verflogen.
Die Krallen waren eingezogen,

und mit den sammetweichen Tatzen,
da streicheln sie wie Schmusekatzen.

So hast du still die Nacht verbracht.
Am nächsten Morgen um halb acht

guckt Darius, noch im Nachtgewand,
voll Sorge über'n Grubenrand.

„O Daniel, du lebst ja noch!
Schnell, Knechte, zieht den Ärmsten hoch!

Und werft dafür die Neider rein!
Mich und die Löwen wird es freu'n.

Und betet Daniels Gott mit an,
der so ein Wunder hat getan!"

Daniel 6

Jona

Du, Jona, müsstest es doch wissen,
dass Gottesmänner folgen müssen,

sobald ihr Herr zu ihnen spricht.
Doch diesmal wolltest du es nicht!

Gott sprach zu dir: „Auf, Jona, geh
nach Osten, zur Stadt Ninive,

um jenen Leuten dort zu sagen:
Die Stadt versinkt in vierzig Tagen!“

Die Botschaft war dir ziemlich peinlich,
auch warst du ängstlich, höchstwahrscheinlich.

Du gingst statt östlich nun nach Westen,
weit weg von Ninive am besten!

Ein Handelsschiff nahm dich an Bord,
ihr setztet Segel – und wart fort.

Vor Gott zu fliehen? Welch ein Wahn!
Denn nun erhob sich ein Orkan.

Die Segel war'n im Nu zerfetzt.
Das Ruder brach. Ihr saht entsetzt:

Es hob euch auf die Wellenkämme,
als wenn das Schiff auf Wolken schwämme,

stürzt in den Abgrund dann ganz tief.
Der Kielraum schon voll Wasser lief.

Das ganze Schiff droht' zu zerbrechen.
Du hörtest die Matrosen sprechen:

„So schlimm war es noch nie! Wir wollen
mal losen, wem die Götter grollen."

Das taten sie – das Los traf dich!
Sie mühten sich zwar fürsorglich,

den Opfertod dir zu ersparen,
weil es recht nette Heiden waren.

Doch wütete der Sturm gar sehr.
Da sprachst du: „Werft mich doch ins Meer!

Weil Gott nur meine Strafe will!“
Sie taten das – und es war still!

Gleich hatte sich der Sturm gelegt,
das Meer war völlig unbewegt,

zu Ende war das wilde Tosen
zur Überraschung der Matrosen.

Und du? Du wurdest unterdessen
von einem großen Fisch gefressen.

Zum Glück hat er dich nicht zerkaut
und nicht verschluckt und nicht verdaut.

Du fandest Platz – man glaubt es kaum –
in seinem großen Rachenraum,

und konntest so ganz gut dicht neben
der Speiseröhre überleben.

Vermutlich war es wohl ein Wal,
sodass er immer wieder mal,

wenn euer beider Luft verbraucht,
zum Atemholen aufgetaucht.

Drei Tage ging die Reise so.
Du warst zwar hungrig, aber froh,

zwar vom Geschwabbel eingezwängt,
doch seelisch frei. Denn wer bedenkt,

was Gott für Wunder kann vollbringen,
der muss zu seiner Ehre singen;

der wird nicht ängstlich, nicht apathisch.
So sangst du, wenn auch leicht asthmatisch,

nicht schön zwar, aber dafür reichlich.
Ja, unser Gott ist unvergleichlich!

Dann hast du wohl den Fisch gejuckt,
und er hat dich an Land gespuckt.

Da lagst du auf dem Strand nun, frisch
gerettet, riechend noch nach Fisch,

und fragtest leise dich: „Was nun?
Sollt ich nicht Gottes Willen tun?

Er hat mich ja zurückgebracht!“
Du hast dich auf den Weg gemacht.

Die Stadt, in die dich Gott befohlen,
die größte aller Metropolen –

es kann den Atem dir verschlagen!
Man reist quer durch in gut drei Tagen!

Hier lebte auch der mächt'ge Führer
und Oberkönig der Assyrer.

Nun predigtest du zum Entsetzen
der Leute dort auf allen Plätzen,

in Straßen und in Parkanlagen:
„Ihr alle sterbt in vierzig Tagen!

Gott hat's gesagt! Ihr werdet's seh'n:
Dies Ninive wird untergeh'n!"

Das bracht' die Leute in Erregung,
und es entstand 'ne Bußbewegung.

Die üppig sonst im Wohlstand prassten,
die zeigten Reue nun durch Fasten.

Sie alle kleideten zum Zwecke
der Buße sich in Jutesäcke.

Der König selbst saß betend still
statt auf dem goldnen Thron im Müll.

Gott hat's geseh'n und dann entschieden:
Ich lasse Ninive in Frieden.

Jona 1–4

Der Strolch im Lolch

Neue Biblische Balladen

Vorwort

Es eilt mit Siebenmeilenschritt
die Zeit, und mancher kommt nicht mit,

sodass die Zeitgenossen lästern:
„Die lahme Ente ist von gestern!“

Stets Schritt zu halten fällt ihm schwer,
so hinkt er hechelnd hinterher.

Doch weil dies Hecheln unwahrscheinlich
bemühend ist und ziemlich peinlich,

behauptet er ganz einfach kühn,
dass dieses alles nur so schien.

In Wahrheit sei die Zeit zu schnelle,
er aber an der richt'gen Stelle.

Manch andrer neigt dazu, bisweilen
schon seiner Zeit voraus zu eilen.

Doch während er – zu früh gestartet –
da vorne ungeduldig wartet,

dass seine Zeit ihm nachgekommen,
hat die 'nen andern Weg genommen.

Tief überzeugt kann ich bekennen:
Der Zeit nicht hinterher zu rennen,

noch eifrig ihr voraus zu eilen
ist der Effekt von diesen Zeilen.

Zwar liest man heut nicht – das ist schade –
ein neues Epos, 'ne Ballade,

und bei der Blüte des Gedichts,
der Lyrik, reimt sich heute nichts.

Insofern, das gesteh' ich gern,
ist dies ein wenig unmodern …

was aber nur die Form betrifft!
Der Inhalt, den die Heil'ge Schrift

für die Balladen vorgegeben,
ist aktuell und voller Leben.

Denn das, was Jesus einst gesprochen,
gilt gleich in allen Zeitepochen.

Der Sinn, der Inhalt im Gefäß,
ist zeitlos – drum stets zeitgemäß.

Ich wünsche mir, dass dies sich zeigte,
und dass der Leser, der geneigte,

nach der Lektüre reicher wär.
Denn reich in Gott und froh ist der,

der hört auf das, was Jesus sprach,
und glaubt's, und tut's, und folgt ihm nach

in tiefem Ernst, und trotzdem heiter.
Drum, lieber Leser, lies nur weiter!

Eckart zur Nieden

Der kluge und der dumme Bauherr

Zwei Männer bauten je ein Haus.
Sie schachteten die Grube aus:

So wuchs durch Fleiß der eignen Hände
der Traum der eigenen vier Wände.

Zu jener Zeit in jenem Land
war Stahlbeton noch unbekannt.

Auch ging das ohne Bauantrag
und ohne Kostenvoranschlag ...

Wie's ihnen kam grad in den Sinn,
so stellten sie das Bauwerk hin.

Heut' würde das wohl nie was werden
ganz ohne Antrag an Behörden.

Viel Steine wurden aufgeschichtet
und Balken wurden aufgerichtet,

was der Stabilisierung nutzt.
Die Häuser wurden schön verputzt

und dann mit Kalk noch weiß bemalt.
Dann war'n sie fertig – und bezahlt.

Denn der Kredit mit Langzeitbindung
ist eine spätere Erfindung.

Da steh'n die Häuser, neu, adrett,
Geranien auf dem Fensterbrett.

Man muss auch nicht mehr lange warten,
dann grünt und blüht's rundum im Garten.

Die Einweihung ist fast gleichzeitig,
und man besucht sich gegenseitig.

Man plaudert stolz und bauerfahren,
wie schwierig doch die Zeiten waren,

wie man's geschafft mit diesem ganzen
Projekt – und auch mit den Finanzen.

Da stellt sich raus, dass jene beiden
an einem Punkt sich unterscheiden.

Es sprach der Häuslebauer A:
„Mein Haus steht nicht durch Zufall da,

wo es jetzt steht. Ich dachte: Stell's
doch lieber auf gewachsnen Fels,

wo's sicher steht und gut und fest
und sich durch nichts erschüttern lässt."

Der Bauherr B hat nur gelacht.
„Die Müh' hab' ich mir nicht gemacht!

Ich hab' mein Haus auf Sand gestellt.
Ich glaub', dass das genauso hält.

Als wir die Fundamente machten,
war's so viel leichter auszuschachten.

Auch steht der linke Seitenflügel
dadurch am Rand von einem Hügel.

Die Aussicht ist dort wunderschön:
Man kann bis weit nach Süden seh'n.

Da mach ich mir noch 'ne Terrasse,
wo ich mich abends bräunen lasse."

So schwärmt Herr B vom Haus und denkt,
A habe eine Chance verschenkt ...

und wegen 'ner Lappalie nur:
der geologischen Struktur!

Nachdem die Häuser eingeweiht,
begann schon bald die Regenzeit.

Es nieselte zunächst, es floss,
es prasselte herab, es goss,

es regnete ganz ungewöhnlich –
es stürzte fast schon sintflutähnlich

und spülte mit sich fort den Sand,
auf dem Haus B seit kurzem stand.

Auch blies ein kräftiger Orkan
das Häuschen von der Seite an.

In diesen wütenden Gewittern,
da spürt Herr B die Wände zittern.

Auch zeigen sich bald erste Risse
infolge dieser Regengüsse.

„Raus! Nichts wie weg! Das Haus stürzt ein!“,
muss er das Tosen überschrei’n.

Kaum sind sie aus dem Haus gefloh’n,
ereilt es dieses Schicksal schon.

Der Sand trägt nicht mehr das Gewicht,
und das Gemäuer fällt und bricht.

Das Dach stürzt krachend mit dahin,
auf all das fällt noch der Kamin.

Entsetztes Schreien und Gewimmer –
das schöne Haus ist nur noch Trümmer.

Draus ragen Balken und ein Brett
wie Rippenbogen am Skelett.

Er zählt die Häupter seiner Lieben.
Zum Glück sind alle heil geblieben.

Der Nachbar A, der zeigt Erbarmen.
Bald sieht man sie in seinem warmen

und sichern Haus am Feuer hocken.
Sie werden langsam wieder trocken,

froh werden sie noch lange nicht.
Herr B noch öfter traurig spricht:

„Ach, hätt', um alles in der Welt,
ich doch mein Haus auf Fels gestellt!"

Sein schönes Haus war nur noch Dreck!
Die Kraft verbraucht, das Geld war weg,

sodass von allem, was ihm lieb,
nur noch die Aussicht übrig blieb,

die schöne Aussicht weit ins Land,
wenn er auf der Ruine stand.

So geht's, sagt Jesus, jenem Mann,
der meine Worte hören kann,

der sie zwar klar vernommen hat,
sie werden aber nicht zur Tat.

Wer aber tut, was Gott gefällt,
der hat sein Haus auf Fels gestellt.

Matthäus 7, 24–27

Das vierfache Ackerfeld

Ein Bauer ging hinaus aufs Feld.
Das war schon für die Saat bestellt:

mit einem Pflug gut umgebrochen
und auch gedüngt – man hat's gerochen.

Doch fettes Land und gute Erden,
das nützt noch nichts – gesät muss werden!

So hoffend, dass es nützen solle,
schritt dieser Mann auf seiner Scholle

und streut die Saat mit weitem Schwung.
Jedoch in der Begeisterung

wirft er zu weit, und Körner fliegen
zum Weg und bleiben darauf liegen.

Ganz hinten wird der Boden fest,
weil er sich da nicht pflügen lässt,

denn unterm Acker, ziemlich dicht,
beginnt gleich eine Felsenschicht.

„Vielleicht bringt's doch was", denkt der Bauer,
und lässt gleich einen Körnerschauer

herniederregnen auf das Land.
Dann kommt er zu dem dritten Rand,

wo Dornen wachsen und Gesträuche.
Und hier geschieht noch mal das Gleiche:

Saatkörner – nur ein Teil von allen –
sind unter das Gebüsch gefallen.

Nachdem nun unser Bauer wacker
bestreut hat seinen ganzen Acker

und alle Körner alle sind,
geht er nach Haus zu Weib und Kind.

Zwar ist nun jener Bauer fort,
doch wird nicht stille dieser Ort.

Denn Spatzen kommen angeflogen,
von reichlich Nahrung angezogen.

Dass Körner auf den festen Wegen
klar sichtbar obendrauf gelegen,

schön präsentiert wie auf 'nem Teller:
das scheint sich schnell und immer schneller

bei allen Vögeln rumzusprechen.
So landen auf den festen Flächen

zu Hunderten die Amseln, Meisen,
Rotkehlchen, wie sie alle heißen,

Kernbeißer und natürlich Stare
und fressen die geschenkte Ware.

Ein Saatkorn, das ein Spatz verschlingt –
klar, dass das keine Ernte bringt.

Die letzte Woche hat's gegossen.
Das Wasser war nicht abgeflossen,

wo Felsen fast bis oben reicht.
Das bisschen Erde war noch feucht,

sodass die hier gestreute Saat
schnell keimt und sich entwickelt hat.

Und schon nach wen'gen Tagen schien
der Teil des Ackers etwas grün.

Doch die zu dünne Ackerschicht
erlaubte Wurzelbildung nicht.

Dass so kein Halm noch Ähren gar
entstehen kann, das ist wohl klar.

Manch hoffnungsvolle grüne Spitze
verdorrte in der Sonnenhitze.

Die Körner, die im leichten Schatten
der Sträucher Platz gefunden hatten,

die wuchsen anfangs auch ganz gut,
geschützt vor zu viel Sonnenglut.

Doch selbst ein Dornenstrauch kann eben
nicht ohne Erd' und Wasser leben,

und er beginnt damit zu geizen,
ganz ohne Rücksicht auf den Weizen.

Dies Wasser, Luft und Lebensraum
fehlt unsern Hälmchen – aus der Traum!

Die Dornen zwingen und erdrücken
die Weizenhälmchen – die ersticken.

Man sieht: Die ausgestreuten Saaten,
die sind am Rand zumeist missraten.

Doch auf dem guten Ackergrund,
da wachsen hoch sie und gesund,

sodass der Bauer sich dran freut,
besonders in der Erntezeit,

und, weil's so gut gewachsen ist,
die Randerscheinungen vergisst.

Die ausgestreuten Saaten mehren
sich vielfach nun in allen Ähren,

so wie er sich's davon versprach:
wohl dreißig-, sechzig-, hundertfach.

Das Wort, das Gott gesprochen hat,
sagt Jesus, gleicht der Weizensaat.

Das Menschenherz, wie festgetreten,
will nicht, dass Jesus ungebeten

die guten Worte zu ihm spreche.
Sie bleiben an der Oberfläche.

Manch andrer Mensch dagegen gleicht
der dünnen Erdschicht, aufgeweicht.

Er nimmt die Worte freudig auf,
begeistert sich. Doch im Verlauf

von Krisen und von Schwierigkeiten,
von guten wie von schlechten Zeiten,

die meistens kommen oder gehen,
fehlt ihm die Kraft, das durchzustehen.

Die Dornensträucher sind vergleichbar
dem Wunsch nach Geld, das unerreichbar.

Wenn Sucht nach Reichtum dieser Welt,
wenn Sorge uns in Atem hält –

egal, ob unsre Pläne glücken –,
muss Gottes Wort in uns ersticken.

Wenn einer hört, was Christus spricht,
verleugnet und vergisst es nicht,

so wird es diesem Wort gelingen,
vielfältig Frucht hervorzubringen.

Matthäus 13, 1–9.18–23

Das Unkraut unter dem Weizen

Ein Gutsherr hat von früh bis spät
viel guten Weizen ausgesät.

Er geht nach Hause, um zu ruh'n,
wie das die meisten Menschen tun.

Er legt sich schlafen in der Nacht,
hat nicht sein Weizenfeld bewacht.

Das hätt' er aber machen sollen,
weil einige ihm übel wollen.

Besonders einer ist sein Feind,
der's ziemlich böse mit ihm meint.

Kaum sinkt hernieder finstre Nacht,
hat der sich auf den Weg gemacht.

Er schleicht aufs Feld, und huckepack
trägt er 'nen vollen Körnersack.

Die Körner, die er bei sich hat,
sind aber keine Weizensaat.

Grassamen hat er unverdrossen
gesammelt. – Ist der erst gesprossen,

sind Gras und Weizen, diese beiden,
am Anfang kaum zu unterscheiden.

Dies Gras, dies Unkraut, nennt man Lolch.
Und solches streut nun dieser Strolch,

dass es aufs Feld des Gutsherrn fliegt,
der ahnungslos im Bette liegt.

Nur ein paar Tage geh'n dahin,
da zeigt sich schon das erste Grün.

Doch eines Tags entdeckt ein Knecht:
Dies kleine Hälmchen ist nicht echt!

Und dies! Wenn man genauer schaut,
ist alles voll von falschem Kraut!

Er rennt, um das dem Chef zu sagen.
Der schimpft: „Mein Feind hat zugeschlagen!

Er säte, nur um mich zu reizen,
mir Unkraut unter meinen Weizen!"

Die Knechte fragten: „Soll'n wir jäten
all das, was deine Feinde säten?"

„Nein", sprach der Gutsherr, „lasst es steh'n!
Man kann den Unterschied kaum seh'n

zu dem erwünschten Brotgetreide.
Am Ende rupft ihr alles beide!

Auch würdet ihr bei eurem Jäten
manch Weizenhälmchen niedertreten.

So schlimm 's auch ist – da kann man nun
fürs Erste gar nichts gegen tun.

Im Herbst jedoch, zur Erntezeit,
wird siegen die Gerechtigkeit:

Dann wird, was er und ich gesät,
zunächst gemeinsam umgemäht.

Dann sammelt ihr das Korn alleine
gedroschen mir in meine Scheune.

Das Gras, das wuchs mit ihm zusammen,
das übergeben wir den Flammen."

Dies Gleichnis hat der Herr erzählt.
Er sagt: Der Acker ist die Welt.

Die gute Saat in dem Vergleich
sind Kinder nun in Gottes Reich.

Des Feindes böser Unkrautsamen
sind Kinder, die vom Bösen kamen.

Sie wachsen miteinander auf.
So nimmt die Menschheit ihren Lauf,

und Trennung, Strafe und Gericht,
das alles kommt zunächst noch nicht.

Doch wenn die Weltgeschichte endet,
wenn Gott die Schnitter – Engel – sendet,

dann wird der Herr die Seinen kennen
und von des Teufels Kindern trennen.

Das Strafgericht wird die ereilen
mit Zähneklappern und mit Heulen.

Doch Gottes Kinder sind allzeit
bei ihm in ewger Herrlichkeit.

Matthäus 13, 24–30.36–43

Der Schatz im Acker

Es war einmal ein Tagelöhner,
der wünschte sich das Leben schöner.

Was er verdient' mit Müh und Not,
das reichte kaum für's täglich Brot.

Er hat gepflügt, gemäht, gedroschen,
und kriegte dafür ein paar Groschen.

Doch war der Winter erst erschienen,
gab's auf dem Land nichts zu verdienen.

Und seine Frau und auch die Kleinen
– vier an der Zahl – die mussten weinen,

weil sie in ihrer winz'gen Hütten
an Kälte und an Hunger litten.

Heut gab es Arbeit für den Mann.
Der Gutsbesitzer stellt' ihn an,

der ihn als treu und fleißig kannte
und drum auf seine Felder sandte.

Dort sollte er den Acker pflügen,
um seinen Tageslohn zu kriegen.

Er spannt die Ochsen vor den Pflug.
Die haben einen starken Zug

und reißen langsam, aber wacker
sehr tiefe Furchen in den Acker.

Wie er so gründlich, fleißig pflügt,
er plötzlich einen Schrecken kriegt.

Nanu, spricht er, was war denn das?
Mir war, als hakte irgendwas.

Er hält die Ochsen an und guckt,
weshalb der Pflug grad so geruckt,

wo seine Pflugschar dran gerammelt:
'ne Kiste ist es, halb vergammelt.

Und aus dem Spalt, den ungewollt
die Pflugschar riss, da blinkt es gold!

Ein Schatz! Den muss ein Mensch vergraben,
versteckt und zugeschüttet haben.

Vielleicht bracht' er in schwerer Zeit
hier nur sein Gold in Sicherheit,

damit's vor einem fremden Heere
und bösen Räubern sicher wäre.

Zwar ward sein Gold ihm nicht genommen,
doch er ist dabei umgekommen.

Dass es hier was zu finden gab –
dies Wissen nahm er mit ins Grab.

Nun stößt ein armer Landarbeiter
auf Ringe, Broschen und so weiter

und ist von dem, was er erblickt,
zutiefst erschrocken und entzückt.

Und während ihm der Atem stockt,
hat er sich vor das Loch gehockt,

sodass sich seine Augen weiden
an Münzen, Ketten und Geschmeiden.

Er dacht' bei sich: In tausend Jahren
könnt ich wohl solchen Schatz nicht sparen!

Ein Zehntel dieses Goldes bloß –
und ich wär alle Sorgen los!

Ich müsst kein Hungerdasein fristen
mit einem dieser Amethysten!

Nur wenige der goldnen Sachen,
die könnten vieles möglich machen

bei meinen Kindern, allen vieren!
Sie könnten in Athen studieren!

Das Schönste von den goldnen Dingen
würd' meiner Frau ich gerne bringen.

Was wär' die glücklich, wenn sie hätte
so eine schöne Perlenkette!

Und ich – ich müsst' mich nicht mehr plagen,
könnt' vornehme Gewänder tragen.

Ich könnt' zu Haus im Sessel sitzen
und müsste weder frier'n noch schwitzen.

Vom Gutsherrn kauft' ich mir die gute
schwarz-braune neugebor'ne Stute,

denn wie der Wind kann die schon rennen.
Ich würde sie Mercedes nennen . . .

So stand vor seinem geist'gen Blick
die goldne Zukunft und das Glück,

und es berauschte ihn. Indessen –
er hat das Gold noch nicht besessen!

Der Gutsherr müsste es bekommen,
denn ihm gehört's genau genommen,

weil dieses ja sein Acker ist.
Aus ist der Traum! Nein, so ein Mist!

Doch halt! Nur mal so vorgestellt,
ich kaufte dieses ganze Feld –

ich würd' zum Eigentum auch haben
den Schatz, der in dem Feld vergraben!

Und voller Geistesgegenwart
hat er das Loch schnell zugescharrt.

Er sagte zu den Ochsen: „Hüh!"
Und stark und stetig zogen sie.

Der Mann in ruhiger Bewegung –
wenn auch voll innerer Erregung –

pflügte zu Ende das Geviert
des Ackers, als sei nichts passiert.

Dann spannte er die Ochsen aus
und ging mit seinem Lohn nach Haus.

Nun aber wurde er aktiv.
Er sprach mit seiner Frau und lief

zum Markt, um alle seine Sachen,
die er besaß, zu Geld zu machen.

Er räumte unter dem Gejammer
der Kinder alles aus der Kammer:

die Möbel, Bettzeug und die Kleider.
Das brachte nicht genügend – leider!

Die Leute dachten: Der ist irr!
Verscherbelt auch noch sein Geschirr!

Dann hatte er, schon binnen Stunden,
'nen Käufer für das Haus gefunden.

So haben sie die erste Nacht
arg frierend unterm Baum verbracht.

Der Mann, weil all das nicht genug,
zwölf Schuhe noch zum Pfandhaus trug.

Dann ging er barfuß und in Lumpen,
um alte Freunde anzupumpen.

Trotz all dem, was er nun entbehrt,
fühlt' er sich frei und unbeschwert.

Er gab es gern und freudig hin,
denn all das hatte einen Sinn:

Nun trug er Bargeld in den Händen!
(Die Börse musst' er noch verpfänden!)

Er kaufte jenes Ackerstück –
und die Familie schwamm im Glück.

So sagte Jesus: Gottes Reich
ist einem Schatz im Acker gleich.

Man findet ihn – und muss ihn haben!
Gern gibt man alle andern Gaben,

die man besitzt, für diese hin –
für einen ewigen Gewinn.

Matthäus 13, 44

Die kostbare Perle

Ein Mann mit einem Sammeltrieb,
der hatte edle Perlen lieb.

Wie andre Leute Steine horten,
die sie gefunden allerorten,

Antiquitäten, Schiffsmodelle,
Briefmarken, Münzen, Tigerfelle,

auch Tassen, Blumen, flach gepresst,
was immer sich auch sammeln lässt –

und wenn so ein Objekt sie sehen,
dann müssen sie's sogleich erstehen,

wenn immer man sich's leisten kann –,
so hat auch der besagte Mann,

von dem ich hier erzählen will,
in aller Heimlichkeit sich still

doch innerlich zutiefst bewegt
'ne Sammlung Perlen zugelegt.

Darin fand er sein ganzes Glück.
Nun – jeder hat so seinen Tick.

Da dieser, der Protagonist,
ein reisender Geschäftsmann ist,

der schon die halbe Welt befahren
mit Schiff, Kamel und Ochsenkarren,

hat er, wo er auch eingekehrt,
sich gleich nach Perlen umgehört.

Und war ein gutes Stück vorhanden,
so hat er es sogleich erstanden

und wohl verwahrt mit heimgenommen.
Zu Hause, wenn er angekommen,

hat er, zufrieden und vergnügt,
sie seiner Sammlung beigefügt.

Er widmete sich seinem Traum
allein in seinem Hobbyraum.

Hier saß er oft, der Welt entrückt,
hat seine Sammlung angeblickt,

verliebt, mit Lupe und Pinzette ...
als ob 'ne Perle Leben hätte

und das Geheimnis aller Meere
in dieser kleinen Kugel wäre.

Doch eines Tages kam ein Brief,
der in ein fernes Land ihn rief.

Ein alter Perlenhändler schrieb,
er kenne seinen Sammeltrieb

und meine, weil er davon wisse,
dass er, der Kaufmann, kommen müsse.

Er habe hier ein schönes Stück,
vollkommen rund, vollkommnes Glück,

so herrlich groß und wunderschön,
das hab' die Welt noch nicht gesehn!

So schrieb es ihm der Juwelier.
Man weiß: Geduldig ist Papier.

Der Mann jedoch glaubt ihm aufs Wort
und fährt am gleichen Tag noch fort.

Nach langer Reise kommt der Mann
bei jenem Perlenhändler an,

reicht zur Begrüßung ihm die Hand,
betritt, von ihm geführt, gespannt

und sehr erregt den hinter'n Raum,
so wie ein Kind vorm Weihnachtsbaum.

Der Mann, der alte Juwelier,
macht Licht, verriegelt seine Tür,

um Unbefugte abzuweisen,
nimmt einen Kasten, schwer, aus Eisen,

und öffnet ihn mit einem Schlüssel,
greift kurz hinein. In eine Schüssel,

mit schwarzem Samttuch überdeckt,
rollt nun das herrliche Objekt.

Der Sammler schaut, kann's gar nicht fassen,
es schwindelt ihn, er muss erblassen.

Der Atem stockt, das Herz bleibt steh'n –
nein, wie ist diese Perle schön!

Groß ist die Kugel, hell, und ganz
vollendet rund, mit mattem Glanz,

der silbern dringt aus seiner Tiefe,
als ob der Vollmond darin schliefe,

als ob die Sterne daraus grüßten,
als wär das Meer, das fernste Küsten

seit Jahrmillionen schon umflossen,
in dieser Perle eingeschlossen.

Der Mann sinkt zitternd in die Knie
und weiß nur eins: ich brauche sie!

Sein Angesicht, noch eben bleich,
das färbt sich puterrot sogleich.

Sein Atem, der noch eben stockte,
geht keuchend rasch. Das Herz, das bockte,

schlägt wild und pocht. Und ihm wird heiß.
Er flüstert nur: „Nennt mir den Preis!“

Da hört er eine Zahl – voll Grauen:
Sie hätte ihn fast umgehauen!

Zum Glück war'n bei den Orientalen
nicht sehr verbindlich solche Zahlen.

Nun handeln sie. Doch immer noch
ist diese Zahl erschreckend hoch.

Sie wird nur langsam etwas flacher
bei ihrem mühsamen Geschacher.

Der Sammler merkt – es schmerzt ihn sehr:
Viel kleiner wird die Zahl nicht mehr,

und ängstlich fragt sich unser Mann,
ob er sich so was leisten kann.

Klar, dass er viel verkaufen muss!
Er rechnet, denkt und kommt zum Schluss:

Gesetzt einmal den Fall, wir zögen
heran mein ganzes Barvermögen ...

Wenn für die Perlen, meine kleinen,
für Haus und Kutsche, Vieh und Scheunen

ich 'nen potenten Käufer fände
und kriegte alle Außenstände,

dann könnte es gerade reichen,
die Riesen-Rechnung zu begleichen.

Ich tu's! Was soll'n mir all die Gaben!
Ich will nur diese Perle haben!

Mein ganzes künft'ges Sammlerglück
liegt in dem wundervollen Stück,

sodass nichts andres mehr ich brauch.
Und grad so kam es schließlich auch.

Nun ist das ew'ge Himmelreich,
sagt Jesus, dieser Perle gleich.

Es ist von ungeheurem Wert,
und wem das Glück je widerfährt,

dass er's für sich gewinnen kann,
der gibt gern alles andre dran.

Matthäus 13, 45–46

Der Schuldner

Ein König, dem einst irgendwann
ein großes Land war untertan,

der konnte ja nicht alle Sachen
in seinem Reiche selber machen.

Er hatte kleine Potentaten,
die in den Städten ihn vertraten:

regieren, richten und verwalten
und dabei ihm die Treue halten.

Mal klappt das, manchmal aber nicht.
Der König hörte ein Gerücht,

dass einer dieser Gouverneure
so tat, als ob er König wäre.

Er habe – es ist nicht zu fassen –
von vielen sich bestechen lassen

und mit des Königs Geld bestochen,
dazu den Treue-Eid gebrochen.

Er habe oft das Recht gebeugt
und heimlich Gelder abgezweigt.

Der König eilte schnell herbei,
zu prüfen, ob es richtig sei,

was man ihm heimlich zugetragen.
Beamte prüften Unterlagen,

man hat gerechnet und addiert.
Dann sind noch Zeugen aufmarschiert,

und schließlich endete die Tagung
in einer peinlichen Befragung.

Und dabei ward ans Licht gebracht:
Es war viel schlimmer als gedacht,

weil er zehntausend Zentner gar
in reinem Silber schuldig war.

Da rief der König voller Wut:
„Bestraft muss werden, wer das tut!

Das ist ja wohl ein starkes Stück!
Gib mir sofort mein Geld zurück!“

Der Gouverneur – bleich im Gesicht –
sprach stotternd nur: „Das kann ich nicht!“

Den König – klar! – erzürnte dies,
worauf er den Befehl erließ,

Haus, Hof und Vieh und alle Sachen
des Gouverneurs zu Geld zu machen

und ihn, samt seinem üblen Haufen,
sogleich als Sklaven zu verkaufen.

Da fiel der Mann auf seine Knie.
„Erbarmen!“, er verzweifelt schrie.

„Ich sehe mein Vergehen ein.
Du wollest bitte mir verzeih’n,

die Chance mir geben, statt zu sühnen
das Geld nun redlich zu verdienen

mit Fleiß und Eifer – um es dann
zurückzuzahlen irgendwann!“

Das hielt der König für unmöglich.
Doch war es ihm schier unerträglich,

dies Leid zu seh’n in seiner Schwere,
auch wenn’s gerecht gewesen wäre.

Ein Mensch, auch wenn er sehr verarmt,
soll frei sein! Er hat sich erbarmt:

„Nun gut, ich will dich nicht verkaufen.
Jetzt geh!“, sprach er und ließ ihn laufen.

Kaum hat der Mann den Saal verlassen
und tritt hinunter auf die Gassen,

da läuft ihm einer in die Quere,
der ihm noch etwas schuldig wäre.

Er packt den Mann am Hals und stellt
ihn hart zur Rede: „Her mein Geld!

Ich kriege hundert Groschen noch!“
Der andre rief: „Erbarm dich doch!

Ich werd’ es dir nicht schuldig bleiben!
Versuch’s noch heute aufzutreiben!“

Da kam des Wegs ein Polizist.
„Gut, dass du in der Nähe bist!“,

rief ihn der böse Gouverneur.
„Du kennst mich doch! Komm doch mal her!

Wirf diesen elend-fiesen Wurm
hinunter in den Schuldenturm!

Da bleibt er – würd’ er noch so alt –,
bis er die Schuld samt Zins bezahlt!“

Da – angelockt von dem Geschrei –
kam grad ein Königsknecht vorbei,

sah alles, schluckte, lief voll Hast
zurück in seines Herrn Palast,

um tief erschüttert ihm zu sagen,
was sich da draußen zugetragen.

Das nun erzürnt den König sehr.
„Bringt diesen Kerl sofort hierher!"

Als das geschah, brüllt' er ihn an:
„Was hast du mieser Kerl getan!

Ich ließ dich frei, ließ dich am Leben
und hab' dir so viel Schuld vergeben!

Und du – statt dass du dadurch weißt,
was gut ist, was Erbarmen heißt –

hast diesen armen Mann verdroschen
nur wegen ein paar Silbergroschen!

Du sprachst dein eignes Urteil nun!
Es ist doch klar, dass in dem Tun

des Menschen all das wiederkehrt,
was er an Gnade selbst erfährt!

Ich mach's wie du mit diesem Armen:
Ich widerrufe mein Erbarmen!

Du kommst so lange in den Knast,
bis du zurückgegeben hast,

was noch an Schulden steht zu Buche!
Für Gnaden- und Erlassgesuche

bin ich bei dir nicht mehr empfänglich.
Ab in den Kerker! Lebenslänglich!“

Dass es genauso jedem geht,
der vor dem ew’gen König steht,

hat Jesus uns dazu erklärt.
Denn Gottes Gnade widerfährt

dem, der als Sünder und als Christ
auch andern Menschen gnädig ist.

Matthäus 18, 21–35

Die Arbeiter im Weinberg

Es lebte einst ein reicher Herr.
Recht klug und auch geschickt war er.

Dem war ein großes Glück beschieden:
ein schöner Weinberg, grad nach Süden,

auf dem wuchs jährlich, wie es hieß,
ein edler Tropfen, schwer und süß.

Doch so ein Weinberg, wie man weiß,
bringt nichts, wird er nicht stets mit Fleiß

gedüngt, gejätet und gepflegt!
Nur den, der seine Stöcke hegt

und falsche Triebe stets entfernte,
erwartet eine reiche Ernte.

Nun war es damals durchaus üblich,
wenn auch aus unsrer Sicht betrüblich:

Am Marktplatz bot so mancher Mann
mit seiner Arbeitskraft sich an.

Und das nur für den einen Tag,
ganz ohne 'nen Tarifvertrag.

Der Mann, von dem ich hier erzähle,
ging hin, dass er sich Helfer wähle.

Sie wollten gern für Lohn ihm dienen.
Ein Silberstück versprach er ihnen.

Und voller Fleiß begannen sie
ihr Werk. Es war noch ziemlich früh.

Um Mittag und so gegen drei
bracht' er noch weitere herbei.

Die halfen den Kollegen nun,
denn es war wirklich viel zu tun.

Am Abend, als die Sonne sank,
es nicht mehr heiß war, Gott sei Dank,

kam er zum Markt und musste sehen
noch weit're Männer müßig stehen.

„Was steht ihr hier und langweilt euch?
Geht in den Weinberg! Geht nur gleich!

Der Feierabend naht zwar schon,
doch kriegt ihr den gerechten Lohn!"

Sie gingen, des Versprechens wegen,
sich ordentlich ins Zeug zu legen.

Die Sonne traf den Horizont –
die Zeit, wo meistens man entlohnt

die Leute, die man sich gedungen.
Frisch-fröhlich kamen angesprungen

mit ziemlich unverbrauchter Kraft
die, die nur noch ganz kurz geschafft.

Ein jeder kriegt – und strahlt vor Glück –
vom Herrn ein ganzes Silberstück.

Auch die, die mittags erst begannen,
die ziehen so entlohnt von dannen.

Zum Schluss erst durften die erscheinen,
die seit dem Morgen auf den Beinen,

des Tages Hitze ohne Schatten
bei fleiß'gem Werk erduldet hatten.

Sie dachten nun, sie kriegten mehr –
was schließlich auch verständlich wär!

Doch nein – denn jedem ward alsbald
mit gleicher Münze heimgezahlt!

Ihr Sprecher sagte zornig: „Wie?
Wir kriegen gleichen Lohn wie die?

Betrug! Nein, das wird angefochten!
Wo wir zehnmal so viel malochten!

Ist denn das Jäten, Schneiden, Lesen
den ganzen Tag umsonst gewesen?“

Der Winzer aber dies verneint:
„Umsonst? Du irrst dich, lieber Freund!

Wir hatten doch schon vor halb acht
’nen Silbergroschen ausgemacht.

Du hast den Vorschlag angenommen –
genau das hast du nun bekommen.

Das ist doch alles nur gerecht.
Doch wenn ich was verschenken möcht’

von meinem Geld, das mir gehört –
ist’s recht, dass ihr mir das verwehrt?

Vergiftet Hass dir deinen Sinn
nur darum, weil ich gütig bin?“

Der Mann zog bös die Stirne kraus,
doch schwieg er und ging still nach Haus.

Die Ersten, Fleiß’gen, Abgehetzten
sind oft am Ende doch die Letzten.

Wo's scheint, dass sie die Letzten seien,
die stehen in den ersten Reihen.

Doch klar ist, dass hier Jesus nicht
von unserm Lohngefüge spricht.

Ein Gleichnis nur ist die Erzählung.
Und es besagt: Durch die Erwählung,

durch Gnade und Barmherzigkeit
liegt Gottes Reichtum uns bereit.

Ob einer für Gott wenig tat –
Ob er ganz viel geleistet hat:

Für Heil und Rettung ist das gleich.
Durch Gottes Schenken sind wir reich.

Matthäus 20, 1–16

Die zwei ungleichen Söhne

Es war einmal ein Mann, der saß
am Tisch, wo er sein Frühstück aß.

Doch merkt' er gar nicht, ob's ihm schmeckt.
Die Sorgen, die ihn früh geweckt,

bevor die Sonne aufgegangen,
die nahmen völlig ihn gefangen:

Im Weinberg war so viel zu machen –
beschneiden, jäten, solche Sachen.

Er brauchte viel mehr Arbeitskräfte.
Doch heute nötigten Geschäfte

zu einer Reise in die Stadt.
Der Mann erhob sich. Er war satt.

Und an der Tür, da traf er schon
den frisch erwachten ersten Sohn.

Es war gerade sechs Uhr dreißig.
„Mein Sohn", sprach er, „du bist ja fleißig!

Ich geh', dass ich mich nicht verspäte.
Geh du zum Weinberg raus und jäte!

Was da zu tun ist, weißt du ja."
Der Sohn sprach artig: „Ja, Papa!"

Kaum aber war der Alte weg,
briet er ein Spiegelei mit Speck

und aß auch sonst noch manches Gute.
Nach Arbeit war ihm nicht zumute.

Dann schlich der ach so liebe Sohn
sich durch die Hintertür davon

zu einem Rundgang durch die Schenken,
ohn' an den Weinberg nur zu denken!

Zu schön war dieser Tag heut' grade,
für harte Arbeit viel zu schade!

Er soff und tat auch sonst nichts Rechtes
mit Freunden beiderlei Geschlechtes.

Der Vater gab nun unterdessen,
dieweil der Sohn so pflichtvergessen,

dem alten Esel eine Dattel
und legte auf ihn seinen Sattel,

schwang sich hinauf, um fortzureiten.
Da sah er seinen Sohn, den zweiten.

Der kam meist später aus dem Bett
und war auch sonst viel wen'ger nett

als jener erstgeborne Bruder,
und außerdem ein faules Luder.

„Hör her, mein Sohn!", der Vater sprach.
„Geh, eile deinem Bruder nach!

Jetzt ist nicht Zeit, sich auszuruh'n.
Im Weinberg ist so viel zu tun!"

Der Junge aber sagte munter:
„Ach, rutsch mir mal den Buckel runter!

Ich will an schönen Sonnentagen
mich nicht mit zu viel Arbeit plagen.

Und außerdem – da schuftet schon
mein Bruder und dein Lieblingssohn!

Am Ende, bei der Weinbergpflege,
komm ich dem Großen ins Gehege!

Hab' mir was andres vorgenommen.
Da soll mir nichts dazwischenkommen."

Eh' sich der Vater halbwegs fasste
zu einer Antwort, die hier passte,

und eh' er zu sich selbst gefunden,
war dieser Bengel schon verschwunden.

Welch frecher Sohn ward ihm geboren!
Er seufzt' und gab dem Tier die Sporen.

Der jüngste Sohn begann inzwischen
sich auch ein Frühstück aufzutischen.

Und während er gemütlich kaut
und dabei stille in sich schaut,

kommt der Gedanke angeflogen:
„Ich war doch ziemlich ungezogen!

Mit seinem Vater so zu sprechen
ist böse, fast schon ein Verbrechen!

Genieße täglich, auch heut früh,
vergnügt die Früchte seiner Müh',

doch ohne etwas beizutragen,
und ohne mich wie er zu plagen.

Das ist nicht recht, ich seh es ein.
Drum will ich jetzt trotz Sonnenschein,

obwohl ich in der Mittagshitze
nachher wahrscheinlich schrecklich schwitze,

sodass die Kräfte mir erschlaffen,
doch in den Weinberg geh'n und schaffen!"

Er nahm – es war schon etwas spät –
gleich aus dem Schuppen das Gerät,

das er benutzte ja schon oft,
und ging zum Weinberg, wo er hofft,

den großen Bruder vorzufinden
beim Rebenschneiden oder -binden.

Doch seltsam – er war ganz allein
inmitten dieses Hangs mit Wein.

„Nanu – der hat sich wohl verdrückt?
Aha! Ich bin doch nicht verrückt

und schufte hier allein! Ich geh!"
Doch plötzlich kam ihm die Idee:

„Was kümmert mich des Bruders Sünde!
Ich tu, was ich für richtig finde!"

Der Rabbi Jesus, Meister, Lehrer,
fragt' nach dem Gleichnis seine Hörer:

„Wer hat des Vaters Will'n getan?
Denn darauf kommt es schließlich an!

Will einer wirklich Gott gefallen,
muss er nicht fromme Floskeln lallen!

Es geht drum, wie er wirklich handelt!
Und wer auf bösem Weg gewandelt,

und wer sich gegen Gott empört,
tut gut dran, wenn er sich bekehrt

und ändert sich, um Gottes Willen
von nun an gerne zu erfüllen."

Matthäus 21, 28–32

Von den bösen Weingärtnern

Es war einmal ein reicher Mann,
der legte einen Weinberg an.

Der kam durch Kauf in seine Hände.
Leicht fiel nach Süden das Gelände;

viel Unkraut war zunächst zu roden.
Kalkreich und fruchtbar war der Boden,

sodass bereits im siebten Jahr
die Ernte zu erwarten war.

Dann hieß es eine Kelter bau'n.
Er zog um alles einen Zaun.

Nun macht er überall bekannt,
er suche Pächter für sein Land,

die alles schön in Ordnung halten,
sorgfältig pflegen und verwalten.

Wenn erst der Zeitpunkt ist erschienen,
gehört ein Teil der Ernte ihnen.

„Der andre Teil gehört dann mir",
sprach er, „als meine Pachtgebühr."

Die Pächter, die sich dafür fanden,
war'n auch mit allem einverstanden

und unterschrieben alles gerne.
Der Mann zog fort, weit in die Ferne.

Dort hat, weit hinterm Horizont,
er nun für lange Zeit gewohnt,

ist auch beständig dort geblieben,
hat dann jedoch, im Jahre sieben,

an einem schönen Spätherbsttage,
gedacht an seine Geldanlage.

Das Geld käm' ihm jetzt grade recht.
So sagte er zu seinem Knecht:

„Zieh hin in meinen Heimatort
und lass dir von den Pächtern dort,

die da von meinem Weinberg leben,
doch meinen Teil der Ernte geben!"

Nach gut drei Tagen kam der Mann
beim Weinberg seines Herren an

und sah die Pächter voll Entzücken
die dicken, süßen Trauben pflücken.

Wie reichlich war da der Ertrag!
Er sagte freundlich: „Guten Tag,

’nen schönen Gruß von meinem Herrn!
Er hätt’ jetzt seine Ernte gern.

Er musste sieben Jahre warten
auf den Ertrag aus seinem Garten.

Nun ist die Ernte ja gekommen.
Die hätt’ ich jetzt gern mitgenommen.“

Die Pächter guckten erst den Mann
und dann sich untereinander an.

Der Weinberg war wohl nicht geschenkt?
Das hatten sie total verdrängt!

Sie fühlten sich wie Eigentümer
und schimpften immer ungestümer:

„Was willst du? Du willst unsre Trauben,
die Früchte unsrer Arbeit rauben?

Du bist ja wohl nicht recht bei Trost!“
Sie drängten wütend und erbost

den Mann hinweg von ihren Reben.
Der wollt’ sich nicht zufrieden geben.

Noch mehr erregend ihren Zorn
begann er noch einmal von vorn:

„Mein Herr, dem dieses Land gehört ...“
Da waren sie noch mehr empört

und prügelten mit Stock und Stein
und Winzermesser auf ihn ein.

Voll Schmerz, voll Blut und blau gefleckt
hat ihn ein guter Mensch entdeckt

und von der Straße aufgelesen.
Der pflegte ihn, bis er genesen.

Als er gesund, nicht völlig zwar,
doch zu der Reise fähig war,

fuhr er zu seinem Herrn zurück,
berichtete dies starke Stück.

Da hat sein Herr gleich wutentbrannt
drei andre Knechte ausgesandt.

Doch einer nur kam davon wieder –
es fehlten rechts drei Fingerglieder,

links war der Unterarm gebrochen
und fast ein Auge ausgestochen.

Und er erzählte tief erschüttert,
dass die, weil sie Gefahr gewittert,

zwei Knechte gleich getötet hätten.
Er selbst konnt' sich mit Mühe retten.

In jenem Land war ehedem
nicht sehr stabil das Rechtssystem.

Man hat sich, was man wollt', genommen
und, wenn man stark war, auch bekommen.

Nun wär's hier, wie die Zeiten waren,
durchaus das übliche Verfahren,

'ne Söldnertruppe anzuheuern,
die dann die bösen Pächter feuern.

Die Möglichkeit stand ihm auch offen.
Doch wollte er auf Frieden hoffen.

Er wollte diesen Gaunern eben
noch eine letzte Chance geben.

Den Plan dazu, den hatt' er schon:
„Ich sende meinen eignen Sohn!

Dem werden sie, wenn auch nur leisen,
doch immerhin Respekt erweisen ...

ihn nicht behandeln mit der schlechten
Moral – wie einst bei meinen Knechten."

Doch es ist schlimmer als es scheint!
Es war zwar herzensgut gemeint,

was der Besitzer hier geplant,
doch hat er einfach nicht geahnt,

wie bös die Menschen können sein:
verdorben, fies und hundsgemein.

Als nun die bösen Pächter sahen
den Sohn sich diesem Weinberg nahen,

da sagten sie: „Der Kerl muss sterben!
Dann werden wir den Weinberg erben."

Was sie dann ruchlos auch gleich taten:
erschlugen ihn mit einem Spaten.

Als Jesus alles dies erzählt,
hat er die Frage auch gestellt

den Menschen ringsum, die ihn hörten,
den Priestern auch und Schriftgelehrten:

„Was wird der Herr des Weinbergs nun
mit diesen Schwerverbrechern tun?"

„Umbringen!“, schrie man aufgebracht.
„Und er gibt’s anderen zur Pacht!“

Doch schweigend hab’n sich abgewandt
die Schriftgelehrten, die erkannt

(sie waren nämlich gar nicht blöde):
Hier ist von ihnen selbst die Rede!

Sie wären selber gern durch Morden
den Rabbi Jesus losgeworden.
Matthäus 21, 33–43; Markus 12, 1–12; Lukas 20, 9–19

Die königliche Hochzeit

Der König Irgendwer der vierte,
der einst ein schönes Land regierte,

beschloss in seiner Monarchie
(zum Fortbestand der Dynastie),

so wie es damals üblich war,
aus aller edlen Damen Schar

die Edelste selbst auszuwählen
und seinem Sohne zu vermählen.

Die Hochzeit sollte festlich sein –
drum lud er Prominente ein.

Die Boten gingen weit ins Land
und gaben den Termin bekannt.

Der sei doch bitte – ließ er sagen –
fest im Kalender einzutragen.

Es sei zwar noch ein bisschen Zeit –
sie kriegten dann noch mal Bescheid.

Und schon begann ein reges Treiben.
Der Schlosshof konnte nicht so bleiben,

er kriegte gleich ein neues Pflaster.
Der Garten war fast ein Desaster –

man pflanzte Blumen neu und Bäume.
Erst recht die vielen Innenräume,

die lange niemand mehr betreten:
Die kriegten neue Stofftapeten.

Was lange schon nicht mehr genutzt,
das wurd' gepinselt und geputzt,

mit hundert Kerzen hell belichtet,
die Gästezimmer hergerichtet.

Der Festsaal, wo man feiern wollt',
der glänzt in Indigo und Gold.

Man nahm für jenen großen Tag
Hilfsköche auch unter Vertrag

und Zimmermädchen, Pferdeknechte,
und für den Tanz durch wilde Nächte

noch manchen guten Musikus.
Kurz: Alles gab's im Überfluss.

Von edlen Speisen ganz zu schweigen,
darunter sich die Tische beugen:

von Braten- und Gemüseplatten
bis zu den herrlichsten Salaten.

Exotische Delikatessen
soll'n alle Hochzeitsgäste essen.

Den allerbesten, edlen Wein,
den lagern sie im Keller ein

in guten alten Eichenfässern.
Jetzt ist fast nichts mehr zu verbessern,

denkt man bei Hof, vom Stress benommen.
Nun gut – der große Tag kann kommen!

Des Königs Herold läuft erneut,
sagt allen an: „Es ist soweit!

Der König lädt euch herzlich ein,
zum Fest rechtzeitig da zu sein."

Welch Überraschung dann jedoch:
Absagen kriegt er, noch und noch!

Der eine kaufte sich ein Feld,
das ihn vor neue Pflichten stellt.

Der nächste kaufte Ochsen, zehn –
jetzt muss er hin und sie beseh'n.

Der dritte hat ’ne Frau genommen
und kann aus diesem Grund nicht kommen.

Der Herold spürt es, wie sie mauern,
auch wenn sie’s offiziell bedauern.

Der König, als er dieses hört’,
war erst erschrocken, dann empört

und dann so wütend, dass er tobte,
und auch der Prinz und die Verlobte.

Sie war’n sich alle darin einig:
Die Gründe sind doch fadenscheinig!

Da man ein solches großes Fest
sich meistens nicht entgehen lässt,

so schließt der König draus für sich:
Die haben etwas gegen mich!

Na gut, denkt er, ihr könnt mich mal!
Er sieht den leeren Hochzeitssaal,

so bunt und festlich ausgeschmückt,
und denkt, es wäre doch verrückt,

die ganze Feier abzublasen!
Was wird aus den gebrat’nen Hasen?

Wer isst das Obst und die Pasteten?
Wer tanzt nach den bestellten Flöten?

Wer isst den Kuchen, trinkt den Wein?
Im Keller alles speichern? Nein!

Das wird am Ende doch nur schlecht!
Nein, denkt er trotzig, jetzt erst recht!

„Geht!“, schickt die Boten er: „Noch heute!
Und ladet alle armen Leute!

Die Lahmen, Bettler und die Blinden
und wen ihr sonst da könnt noch finden.

Sagt, dass ihr Herr sie laden lässt
zu einem reichen, frohen Fest!“

Die Boten guckten zwar verstohlen,
doch taten sie, was er befohlen,

bis sie die armen Leute brachten,
und dann dem König Meldung machten:

„Wir brachten alle die herbei,
doch immer noch sind Stühle frei.“

„Geht raus, auf Straßen und auf Gassen!
Und alle, die sich rufen lassen –

wer sie auch sind, ist ganz egal –
die ladet ein zum Festtagsmahl!“

Und so geschah’s. Sie kamen alle.
Allmählich füllte sich die Halle.

Sie setzen sich ohn’ Schuldgefühle
mit schmutz’gen Kleidern auf die Stühle.

Die Lahmen stapften voll Entzücken
auf das Parkett mit ihren Krücken.

Auch gab es dabei manche Kranken,
die gar nicht aus den Gläsern tranken:

Sie tranken einfach aus den Flaschen,
sie rochen auch recht ungewaschen.

Und als sie alles ausgetrunken,
da haben sie noch mehr gestunken.

Die Blinden sich nicht führen ließen,
sie tasteten, und dabei stießen

sie hastig Gläser von den Tischen,
um auch noch etwas zu erwischen.

Es tropfte heißes Bratenfett
herab aufs Ebenholzparkett,

wo es sich mit dem Rotwein mengte.
Ein jeder schob, ein jeder drängte,

bis auch die weißen Damastdecken
verkrumpelt waren, voller Flecken

von Saucen, Wein und Marmelade.
Der zarte Klang der Serenade

ward übertönt vom Löffeln, Kratzen,
vom Rülpsen, Jubeln und vom Schmatzen.

Das Durcheinander war unendlich
und konnt' – das ist wohl auch verständlich –

den Hof- und Zeremonienmeistern
nicht Freude machen, noch begeistern.

Der König aber sah den Tanz,
im Auge einen stillen Glanz.

Sehr glücklich war er und zufrieden,
dass ihm die Freude war beschieden,

so viele Menschen froh zu machen.
Denn solche Freude, solches Lachen,

solch wilden Jubel, lautes Leben
hat's in dem Saal noch nie gegeben.

Was hat er heut für Glück erfahren!
Man wird wohl noch in hundert Jahren

in Versen, Liedern und Geschichten
von diesem schönen Fest berichten.

Ob dann auch Braut und Bräutigam
an dem Vergnügen Anteil nahm?

Was dachte wohl der Königssohn?
Darüber schweigt die Tradition.

Wir aber lernen aus der Sache,
wie Gott es mit den Menschen mache:

Er lädt die Menschen zu sich ein,
und will mit ihnen fröhlich sein.

Wer nun missachtet seine Huld
und wegbleibt, der ist selber schuld.

Wer immer auch sich laden lässt,
der ist willkommen bei dem Fest.

Matthäus 22, 1–14; Lukas 14, 16–24

Vom bösen Knecht

Ein Mann hatt' lange schon den leisen
Wunsch, einmal länger zu verreisen,

um mal die weite Welt zu sehen,
und auch Geschäften nachzugehen.

Denn dieser Mann gehörte nicht
zur unteren sozialen Schicht.

Im Gegenteil, er hatte Geld,
Bekannte auch in aller Welt,

mit denen er stets Handel trieb,
von dem nicht wenig ihm verblieb.

So rief er einen von den Knechten
und sprach: „Du siehst hier nach dem Rechten!

Ich muss mal für 'ne Weile fort.
Mein Stellvertreter hier vor Ort,

um auf den Hof gut aufzupassen,
bist du! Kann ich mich drauf verlassen?"

Der Knecht, weil froh und stolz er war,
sprach zu dem Herrn: „Okay, geht klar!"

„Du weißt ja, was zu machen ist,
weil du schon lang im Hause bist.

Sei sorgsam, fleißig und bescheiden!
Acht' auf die Gärten, Äcker, Weiden,

auf Stall und Vieh. Ich überlasse
dir auch den Schlüssel für die Kasse.

Mach sparsamen Gebrauch davon!
Gib allen andern ihren Lohn!

Verkaufst du eine von den Kühen,
dann lass nicht über'n Tisch dich ziehen!

Und sollt' ich dann zurück nicht sein –
dann bringt mir auch die Ernte ein.

Du weißt: Der Zeitpunkt ist sehr wichtig.
Na ja, du machst schon alles richtig!"

Am nächsten Tag mit frohem Sinn
schwang er sich auf die Eselin,

ritt winkend fort von Hof und Haus –
froh in die weite Welt hinaus.

Kaum schwand er hinter einem Hügel,
droht schon der Oberknecht mit Prügel

den Mägden und den andern Knechten,
wenn sie nicht gleich sein Frühstück brächten.

„Los! An die Arbeit geht's! Geschwind!
Ab heut' weht hier ein andrer Wind!"

Da eilten gleich die Mitarbeiter
und dachten sich: Das wird ja heiter!

Tatsächlich war's erst der Beginn.
Der Oberknecht mit stolzem Sinn

riss an sich Gold und Macht und Ehre,
als ob er selbst der Gutsherr wäre.

Er trieb die Leut', so schnell es geht
zu schuften eifrig früh bis spät.

Und schien ihm was sich nicht zu ziemen,
zog er eins über mit dem Riemen.

Und hat mal einer was vergessen,
kriegt er drei Tage nichts zu essen.

Hat einer mal zu ruh'n gewagt,
sich nicht von früh bis spät geplagt,

so kriegt er wen'ger Lohn gezahlt.
Der Oberknecht hat frech geprahlt,

das würd' nur recht und billig sein –
und steckt' den Rest sich selber ein.

Auch hat er schließlich ungeniert
mit Küchenmädchen rumpoussiert.

Lud sich das Beste auf den Teller,
holt' edlen Wein sich aus dem Keller.

Wurd' stets bedient, gönnt' immerzu
sich viel, den andern keine Ruh.

Je mehr dabei die Zeit verrann,
je sich'rer fühlte sich der Mann.

Er dachte an den Herrn nicht mehr
und meinte, dass er's selber wär.

Die ganze Ordnung war verschoben.
Er kaufte teure Seidenroben,

er ritt auf einem edlen Schimmel
und fühlte sich im siebten Himmel ...

und dafür hat er ungeniert
des Gutsherrn Haushalt ruiniert,

weil er viel Geld daraus entnommen.
Doch dann – es musste ja so kommen –

begab sich's, dass – glücklicherweise –
der Herr zurückkam von der Reise.

Die Knechte, die im Freien werkten,
von ferne ihn zuerst bemerkten.

Sie rannten hin, die guten Leute,
so laut, dass fast der Esel scheute,

begrüßten froh ihn mit Hurra:
„Wie gut, Herr – du bist wieder da!

Du ahnst ja nicht, wie wir uns freu'n!"
Und sie erzählten ihm haarklein,

was sich so alles in den Tagen,
als er nicht da war, zugetragen.

Der Gutsherr war zutiefst entsetzt
und rief erbost: „Dem zeig ich's jetzt!

Mit diesem Gauner ist es aus!"
Er lief und stürmte in sein Haus,

wo dieser Kerl am Vormittag
noch schnarchend auf dem Sofa lag.

Was dann geschah, kann man sich denken.
Wir woll'n uns nicht hineinversenken.

Man soll an andrer Leute Leiden,
auch wenn's verdient ist, sich nicht weiden.

Schlimm ist die Strafe, die ihm blüht,
wenn sie auch ganz zu Recht geschieht.

Wenn Jesus wiederkommt – und sei's
an einem Tag, den niemand weiß –,

soll er mich nicht in Schlaf und Sünden,
doch treu, gerecht und wachend finden.

Matthäus 24, 45–51; Lukas 12, 41–46

Die klugen und die törichten Jungfrauen

Es gab seit vielen Jahren schon
in Israel die Tradition

(sie lässt sich sicher nicht vergleichen
mit uns bekannten Hochzeitsbräuchen):

Zuweilen hat der Bräutigam,
wenn er vom Nachbardorfe kam,

'nen weiten Weg zurückzulegen.
Da gehen Mädchen ihm entgegen,

die bei der Braut sich lang bewährten
als Freundinnen und Spielgefährten.

In einem Festzug, froh und laut,
führ'n sie ihn zu dem Haus der Braut,

wo mit dem lang ersehnten Mann
das große Fest beginnen kann.

Nun kam's, dass einst zehn junge Damen
dem Bräutigam entgegenkamen.

Fünf war'n beschränkt, fünf waren helle.
Weit draußen, an markanter Stelle,

gab's einen eingezäunten Garten –
da wollten auf den Mann sie warten.

Die Sonne ging im Westen unter.
Trotz Dunkelheit war'n sie sehr munter.

Sie hatten nämlich Lampen mit,
die leuchteten auf jedem Schritt.

Sie ließen sich am Wegrand nieder
und sangen Volks- und Liebeslieder,

um dann mit Kichern, Schwatzen, Klönen
die Wartezeit sich zu verschönen.

Es wurde schon bald Mitternacht.
Er kam und kam nicht! Der Verdacht

sich nun in ihre Köpfe schlich:
Der lässt wohl seine Braut im Stich?

Müd' legten sie im Lampenschein
sich flach ins Gras – und schliefen ein.

Da, plötzlich! Unterm Sternenhimmel
erklang ein festliches Getümmel.

Das weckte sie aus ihrem Schlummer.
Doch ihre Lampen – welch ein Kummer! –

hab'n nur geflackert und geraucht:
Das Öl darin war fast verbraucht.

Nun galt die altbewährte Regel:
Wer ohne Licht kommt, ist ein Flegel.

Unmöglich, dass im Festzug rannte
ein Mensch, bei dem kein Lämpchen brannte!

„Macht nichts!“, die kluge Hälfte sprach
und füllte Öl aus Fläschchen nach.

Für einen Menschen, der weitsichtig,
ist eine Notreserve wichtig.

Doch leider ohne Vorbereiten
war'n die fünf weniger Gescheiten.

Was nützt das Warten in der Nacht,
das Hochzeitskleid, die Festzugspracht,

was nützen Ringe, Ketten, Broschen,
wo nun die Lichter sind verloschen?

„Wir haben nicht daran gedacht,
dass es bis weit nach Mitternacht

mit seiner Ankunft dauern könnt',
sodass das ganze Öl verbrennt.

Gebt uns von eurem angesichts
der Dunkelheit! Wir haben nichts.

Seht doch, wie unser Docht nur glimmt!"
„Nein", sagten freundlich, doch bestimmt

die andern. „Nehmt es uns nicht krumm.
Das Öl zu teilen wäre dumm.

Denn gäben wir aus unsern Krügen,
würd' es für alle nicht genügen.

Versucht doch schnell nach Haus zu laufen
und irgendwo noch Öl zu kaufen."

Und während daraufhin die einen
sich mit dem Hochzeitszug vereinen,

da müssen leider jene andern
enttäuscht im Dunkeln heimwärts wandern.

Sie trommeln – das ist gar nicht nett –
den Ölverkäufer aus dem Bett.

Der fordert grummelnd Nachtzuschlag.
Und dann – fast ist's schon wieder Tag –

sind sie beim Festsaal, steh'n davor
und klopfen heftig an das Tor.

Doch niemand öffnet, niemand guckt.
Ihr Klopfen wird vom Lärm verschluckt,

da Musizieren, Tanzen, Singen
und Lachen aus dem Festsaal dringen.

Enttäuscht, verbittert und voll Zorn
beginnen sie noch mal von vorn:

Sie poltern, dass es nur so hallt.
Da öffnet sich das Tor 'nen Spalt.

„Bist du der Bräut'gam? Sei gegrüßt!
Brautjungfern sind wir, wie du siehst."

Jedoch der fesche junge Mann
schaut sich die Fünfe zweifelnd an.

„Ihr wart beim Zug nicht mit 'nem Licht!
Verschwindet, denn ich kenn' euch nicht!

Auch ist mit wutverzerrten Mienen
noch nie ein Mensch zum Fest erschienen.

Das würde nur die Stimmung trüben
bei uns, die Tanz und Lachen lieben.

Ihr passt hier nicht! Verschwindet bloß!“
Und krachend fällt die Tür ins Schloss.

Da steh’n sie nun, mit nassen Wangen,
und wissen nicht, was anzufangen.

Sie gehen heim, der Gang ist schwer.
Die Musik klingt noch hinterher.

Vom Fest sind sie nun ausgeschlossen.
Sie gehen schweigend und verdrossen,

frustriert, erbittert und belämmert.
Im Osten schon der Morgen dämmert.

O ja, wir wollen uns beizeiten
auf Jesu Ankunft vorbereiten.

Das Öl sei in der Schrift, so heißt es,
zumeist ein Bild des Heil’gen Geistes.

Er gebe, dass es uns am Öle
– sprich: an dem Heil’gen Geist – nicht fehle!

Wohl dem, der auch in tiefster Nacht
für ihn bereit in Treue wacht!

Matthäus 25, 1–13

Von den anvertrauten Zentnern

Es war einmal ein Unternehmer,
der lebte reicher und bequemer

als alles Volk. In seinen Villen
konnt' er sich jeden Wunsch erfüllen.

Doch leider – die Geschäfte ließen
nicht zu, das alles zu genießen.

Grad jetzt rief eine läst'ge Pflicht,
ob er nun wollte oder nicht,

ihn in ein weit entferntes Land,
mit dem ein Handel ihn verband.

Er rief den ersten Prokurist.
„Ich weiß, dass du sehr tüchtig bist.

Fünf Zentner Silber", sagte er,
„will ich dir heute, voll und schwer,

in die bewährten Hände legen.
Das ist ein ziemliches Vermögen.

Sollst es natürlich nicht behalten,
du sollst es nur für mich verwalten!"

Dann rief er einen zweiten Mann,
vertraute ihm zwei Zentner an.

Und dann, ein paar Minuten später,
rief er den dritten Stellvertreter.

Ihm schien, der wäre nicht so tüchtig,
drum hielt der Kaufmann es für richtig,

die Hälfte, einen Zentner eben,
treuhänderisch zu übergeben.

Er reiste fort und ließ nun seine
Vertreter mit dem Geld alleine.

Der erste investiert' mit Pfiff:
Er kaufte sich ein Segelschiff,

ein altes, gar nicht überteuert.
Hat eine Mannschaft angeheuert

und fuhr nun auf dem Mittelmeer
bald kreuz und quer und hin und her.

Von Zypern bracht' als Unternehmer
er Kupfer in das Reich der Römer,

versuchte Ebenholz und Affen
von Afrika nach Rom zu schaffen.

Und von Italien bracht' er Glas
nach Griechenland, die liebten das.

Den Traubensaft, zu Wein vergoren,
in großen tönernen Amphoren,

das Öl von den Olivenbäumen,
Bildwerke, wunderschön zum Träumen –

all sowas brachte er von da
hinab nach Alexandria.

Und von Ägypten brachte er
ganz viel Getreide übers Meer.

Denn, sagt' er sich, den guten Weizen
braucht alle Welt, da heißt's: nicht geizen.

Er brachte manche Utensilien
von Ost und Westen nach Sizilien.

Und Glas und Eisen bracht' er fix
nach Gallien rauf, zum Asterix.

Scheut sich auch nicht, geschliffne Waffen
da, wo grad Krieg war, hinzuschaffen.

Damaskus macht' die besten Klingen –
die galt's, in Krisenherde bringen.

Wo immer irgendwas tut not,
wo lockt ein gutes Angebot,

der Stellvertreter hat dafür
ein feines Näschen, ein Gespür.

Und immer kostet's nach der Reise
ein Vielfaches der Einkaufspreise.

So wächst und wächst der Aktivposten
nach Abzug aller Nebenkosten.

Es sammelt sich, des Fleißes wegen,
ein ganz beachtliches Vermögen,

das sich auch weiterhin vermehrt –
doch freilich seinem Herrn gehört.

Weil nun der zweite Prokurist
nicht ganz so reisefreudig ist,

blieb redlich er im Land und steckte
das Geld in stillere Projekte.

Etwa indem er sich versucht'
mit der Kamel- und Pferdezucht.

Mit Aufzucht und Verkauf von Fohlen
war eine Menge Geld zu holen.

Damit nicht ganz der Handel fehle,
verlieh er aber Lastkamele

'nem Kaufmann – voller Hintersinn:
für einen Anteil am Gewinn.

Es handelten die Karawanen
mit Bernstein von den Nordgermanen,

Weihrauch, zu religiösen Zwecken,
mit Farbstoff von den Purpurschnecken.

Und sie gewannen dabei reichlich.
Bei jedem dieser unvergleichlich

erworb'nen silbernen Talente
bekam der Prokurist Prozente.

So sah er seine Geldanlagen
allmählich reiche Früchte tragen.

Der dritte Knecht des reichen Herrn,
der machte so was gar nicht gern.

Kamele, Schiffe – nein, er fand,
das wäre alles zu riskant.

Unsich're Karawanenstraßen
– mit Räubern ist meist nicht zu spaßen! –,

das Wasser, das ja in der Tat
bekanntlich keine Balken hat,

das alles ist ihm nicht geheuer!
Er ist kein Freund vom Abenteuer.

Und außerdem – so etwas wagen
heißt auch, Verantwortung zu tragen!

Und dafür fühlt er sich zu schwach.
„Geld bringt viel Stress und Ungemach.

Am besten ist's, wenn ich's verstecke
und setz' mich in die Sofaecke!

Da kann mir in den nächsten Jahren
nichts allzu Schlimmes widerfahren!"

Er ging aufs Feld hinaus bei Nacht.
Dort grub er einen tiefen Schacht

und legt' den Sack mit Silber rein,
füllt' zu, und dann bei Mondenschein

hat oben alles er geglättet.
Heim ging's! Die Zukunft war gerettet!

Dann war es unverhofft soweit:
Nach langer, ziemlich langer Zeit

des Wirkens – oder auch der Pause –
der Eigentümer kam nach Hause.

Nun wollt' er hören und auch sehen:
„Was ist mit meinem Geld geschehen?"

Der erste Knecht, der mit Bedacht,
was er besaß, zu Geld gemacht,

der schleppt zehn Zentner Silber an.
„Hier siehst du, was dein Geld getan!

Fünf Zentner hatt' ich am Beginn.
Nochmal das Gleiche ist Gewinn."

„Sehr gut!", sein Herr und Meister strahlt.
„Das Silber, das ich dir bezahlt,

hast du verdoppelt mit Geschick,
mit Fleiß vor allem und mit Glück.

Du hast die Treue mir gehalten.
Drum sollst du künftig mehr verwalten!

Ein tücht'ger Mensch ist allemal
mein allergrößtes Kapital!"

Dann war's ihm, als der zweite Knecht
vier Zentner bracht', genauso recht.

Er sprach: „Ein großes Lob für beide!
An euch, da hab ich meine Freude!“

Dann trat der Dritte vor ihn hin.
„Du weißt, Herr, dass ich ehrlich bin.

Ich dachte mir – bei deiner Strenge:
Vielleicht fällt’s Räubern in die Fänge?

Vielleicht sind’s Diebe, die was stehlen?
Dann würde dir dein Silber fehlen!

Dann kriegte ich statt jener Diebe
die Kerkerstrafe und die Hiebe!

Oh nein! Sollst alles wiederhaben!
Drum habe ich’s im Feld vergraben.

Hier ist nun das, was dir gehört!“ –
und hat den Geldsack ausgeleert.

Den Eigentümer packt’ die Wut.
Er sprach: „Wenn einer gar nichts tut

mit Geld, das ich ihm anbefohlen,
dann ist’s, als hätt’ er mich bestohlen!

Ich gab dir viel! Ist das der Dank?
Warum gabst du es nicht zur Bank?

Nun bringst du's ohne Zins zurück!
Hau ab! Du bist ein faules Stück!"

Wohl jedem Menschen für sein Leben
hat Gott Talente mitgegeben.

Mit denen sollen wir was wagen,
will Jesus mit dem Gleichnis sagen.

Wer Fähigkeit, Gesundheit, Geld
und Können nur für sich behält,

dem wird auch das zum Schluss genommen,
was er zunächst von Gott bekommen.

Wer aber das für Gott setzt ein,
vermehrt's damit. Gott wird es freu'n.

Es lohnt sich – unter Garantie –
ein geistliches Monopoly!

Matthäus 25, 14–30

Der barmherzige Samariter

Ein Mann, von dem sonst nichts bekannt,
zog einmal durch das wüste Land,

das von Jerusalem abfiel
nach Jericho. Dort war sein Ziel.

Weil dieses trockne Land so wüst
und nur sehr dünn besiedelt ist,

gibt's an so mancher dunklen Stelle
doch immer wieder Überfälle.

Noch nie gelang's, sie ganz zu säubern
von Wegelagerern und Räubern.

Nichts Böses ahnend, reisefroh
hätt' dieser Mann in Jericho

den Patenonkel gern besucht.
Der Weg führt ihn durch eine Schlucht.

Da lagen leider böse Leute,
die warteten auf fette Beute –

grad hinter einem Ginsterstrauch –
mit Dolch und Knüppel auf dem Bauch.

Als nun der Mann, der dies nicht wusste,
an jenem Strauch vorüber musste,

da sprangen, zu des Wandrers Schreck,
sie brüllend hoch aus dem Versteck,

um, ohne Hass und Gier zu zügeln,
ganz furchtbar auf ihn einzuprügeln.

Sie schlugen, stachen dann sogar
den Mann, der unbewaffnet war.

So lag er schließlich blutend da
mit Atemnot, der Ohnmacht nah,

und Hemd und Haut und Fleisch zerstochen,
ein Zahn war weg, ein Arm gebrochen.

Dann trat ihn so ein böser Bube
auch noch in seine Magengrube.

Er musst' sich keuchend übergeben.
Doch immerhin, er war am Leben.

Dass er nur wenig Geld besaß –
natürlich ärgerte sie das!

So nahmen sie zum Ausgleich leider
noch seine Schuhe und die Kleider

und dann verschwanden sie behände.
Er dachte nur: „Das ist das Ende!

Noch ein paar wenige Minuten,
dann werd' ich elendig verbluten."

Da hört' er Schritte auf dem Kies.
„Nanu", dacht' er, „wer ist denn dies?"

Und mühsam hebt' der arme Tropf
nun seinen schwer verletzten Kopf.

Was er da sieht, die Hoffnung nährt,
dass doch noch Glück ihm widerfährt:

Ein Priester kommt! Ein frommer Mann!
Wenn der nicht helfen wird, wer dann?

Die Hoffnung in Enttäuschung endet,
als sich der Mann zur Seite wendet,

als hätte er ihn nicht gesehn,
um schnell an ihm vorbeizugehn.

Er fürchtete, der wär' schon tot,
und leider gab's da ein Gebot,

dass es zur Unreinheit müsst' führen,
würd' eine Leiche er berühren.

Und das beim Priester! Außerdem
wär' helfen hier recht unbequem.

Er rennt davon und denkt dabei,
dass dies nicht seine Sache sei.

Spürt er den Vorwurf in den Blicken
des Sterbenden in seinem Rücken?

Ein Zweiter kommt mit schnellem Schritt.
Und diesmal ist es ein Levit,

der ähnlich wie der erste Mann
am Tempel seinen Dienst getan.

„Aha“, denkt der, „ein Überfall!
Man sieht die schlechte Volksmoral!

Vielleicht sind, die den Ärmsten da
geschlagen haben, noch ganz nah!

Ich haue ab und lass den liegen,
damit sie mich nicht auch noch kriegen!“

Er blickt nach allen Seiten scheu,
und voller Angst huscht er vorbei.

Fort sind nun alle Übeltäter.
Dann kommt ein Mann, ein wenig später,

auf einem Esel angeritten.
Man hört es an den Trippelschritten.

Der sieht den schwer verletzten Mann
und lenkt das Tier zu ihm heran,

steigt ab, spricht tröstend auf ihn ein,
wäscht Wunden aus mit etwas Wein.

Dann gießt er Öl in seine Wunden,
im Nu ist auch der Arm verbunden,

müht sich zu heben und zu drücken
den Mann auf seines Esels Rücken.

Behutsam leitet er sodann
das Tier mit dem verletzten Mann,

wobei er Letzteren gut hält,
damit er nicht herunterfällt.

Zum Glück gibt es dort irgendwo
auf halbem Weg nach Jericho

an dieser Straße nahebei
'ne alte Karawanserei.

Dahin bringt dieser Mann den Kranken.
Der hat kaum Kraft, dafür zu danken.

Sein Kopf, umnebelt und geschwächt,
kann nur noch denken: „Der macht's recht!

Das ist noch einer von den Guten!
Obwohl ... die Sprache lässt vermuten,

mein Retter, dieser Eselsritter,
ist sicher nur ein Samariter."

Der Herbergswirt half nun dem Gast
ganz vorsichtig und ohne Hast,

den Kranken in ein Bett zu legen,
wo er ihn gerne wollte pflegen.

Der Reisende gab ihm dafür
zwei Münzen und bestieg sein Tier.

Er trug ihm auf: Versorg den Mann,
bis er alleine laufen kann!

Gib ihm ein Kleid! Und kostet's mehr –
ich komme später wieder her,

dann zahle ich den Restbetrag."
Ritt los und wünschte guten Tag.

So hat es Jesus einst erzählt.
Als Beispiel hat er es gewählt,

zu zeigen, wie ein Mensch und Christ
für einen andern Nächster ist.

Lukas 10, 25–37

Der bittende Freund

Ein Mann wohnt in ’nem Haus ganz einsam.
Sein Freund und Nachbar lebt gemeinsam

mit Frau und Kindern nebenan.
Weil der erwähnte Single-Mann

nicht an ’ne Großfamilie denkt,
ist auch sein Vorrat sehr beschränkt.

Ein Freund besucht ihn, weit gereist,
den herzlich er willkommen heißt.

Er freut sich sehr. Wie ist das schön,
dass endlich sie sich wiedersehn!

Wie sie von alten Zeiten schwärmen
und sich an Wein und Ofen wärmen,

bringt die Gemütlichkeit zu zweit
Trost in des Mannes Einsamkeit.

Sie reden – dunkel wird’s bereits.
Wie ist das herrlich – einerseits!

Doch andrerseits, denkt er mit Schrecken:
Er hat nichts, um den Tisch zu decken!

Das stürzt ihn in Verlegenheit.
Sein Gast, der reiste heut schon weit

und wird vermutlich Hunger leiden!
Er sagt zwar nichts, er ist bescheiden.

O nein – wie konnt' ich nur das Essen,
die Pflicht der Gastfreundschaft, vergessen!

Was nun? Ich frag' mal nebenan,
ob mir der Freund was borgen kann!

„Mein Lieber", sagt er zu dem Gast,
„ich denke, dass du Hunger hast.

Nur leider hab' ich nichts vom frischen
Brot oder Fleisch dir aufzutischen.

Du kennst mich – die Spontanität!
Zum Einkauf ist es jetzt zu spät.

Doch mach dir deshalb keine Sorgen –
ich kann mir nebenan was borgen."

„Tu so was nicht!", sagt der entschieden.
„Ich bin doch satt und hoch zufrieden!

Dein Nachbar liegt schon längst im Bett.
Ihn aufzuwecken, wär' nicht nett,

das stört den Schlaf, das raubt die Kraft –
aus mit der guten Nachbarschaft!

Auch schlafen bei ihm in der Kammer
vermutlich Kinder – welch Gejammer,

wenn du sie aus dem Schlafe schreckst,
dieweil du ihren Papa weckst!

Ich find das ziemlich unverschämt,
auch wenn er seinen Zorn verbrämt.

Man zieht sich mächtig Ärger zu,
stört man im Dorf die Abendruh,

fängt an zu lärmen, rumzulungern.
Lass sein! Ich werd' schon nicht verhungern!

Vermutlich wird er dir was geben.
Doch musst du dann mit Ärger leben."

Der andre lächelte in Ruhe
und sprach: „Ich weiß schon, was ich tue.

Der Mann ist nicht nur, was er scheint:
mein Nachbar – sondern auch mein Freund.

Bös wär er, wenn er mitbekäme,
dass, weil ich auf ihn Rücksicht nähme,

ich würde meine Pflicht verletzen,
dem Gaste etwas vorzusetzen,

statt mir von ihm ein Brot zu leihen!
Das wär viel schwerer zu verzeihen,

als dass ich ihn im Schlafe störe.
Nun warte, bis ich wiederkehre!“

Er geht, und kurze Zeit darauf
taucht er mit Broten wieder auf.

Er und sein Gast, die können nun
an reichlich Brot sich gütlich tun.

Doch ob der Nachbar nebenan
das alles hatte gern getan,

ob er ihm musst den Wunsch erfüllen
nur um des lieben Friedens willen,

ob er bereit war, diesem Lumpen
nur Zähne knirschend Brot zu pumpen,

damit nicht zwischen Tür und Angel
entsteht ein größeres Gerangel,

das dann erst recht die Kinder weckt,
ob mit der Tat er nur bezweckt,

dass der ihm notfalls auch was gibt,
ob er ihm hilft, weil er ihn liebt,

ob murrend oder gern er lieh,
ob nach der Unverschämtheit sie

auch weiter gute Nachbarn waren?
Das hat der Gast niemals erfahren.

Der Gastgeber hat jedenfalls
sein Brot – und ein Problem vom Hals.

„Und so“ – hat Jesus einst gesagt –
„so bittet einfach Gott! Ihr fragt,

warum er euch wohl helfen sollte?
Weil er euch liebt! Weil er's so wollte!

Und scheint es euch auch unverschämt –
tragt eure Bitten vor! Und nehmt!“

Lukas 11, 5–13

Der reiche Kornbauer

Ein Bauer hat sein großes Feld
im Frühjahr ordentlich bestellt.

Dann wuchs das Korn erstaunlich prima
bei wirklich idealem Klima:

nicht allzu heiß, nicht allzu nass,
von allem grad das rechte Maß.

Und das Ergebnis sieht er heut:
ein Feld, das seinen Bauern freut!

Das Korn ist eine Augenweide.
Brusthoch steht dieses Brotgetreide.

Es neigen sich die vollen schweren,
goldgelben, körnerreichen Ähren.

Der Wind weht sanft darüber her
und bildet Wellen wie im Meer.

Das Bild des Bauern Herze labt.
Er denkt: Ich habe Glück gehabt.

Was mach' ich damit? Er macht Pläne.
Auch andre streift die Glückessträhne

mit guter Ernte, denkt der Landwirt.
Wenn aber dies am Markt bekannt wird,

dann fallen die Getreidepreise.
Ich denke mir, da ist es weise,

es nicht zum Kaufe anzubieten.
Ich werde es zu Hause hüten.

Wahrscheinlich wird im nächsten Jahr
das Wetter nicht so wunderbar.

Vielleicht gibt es ja überall
Insekten- oder Pilzbefall.

Ist so die Ernte ganz verdorrt,
dann merkt man das am Preis sofort.

Wenn nun die andern Bauern weinen,
dann öffne ich die Vorratsscheunen.

Und all die Säcke, die da liegen,
die werden, wo der Preis gestiegen,

für ganz viel schönes Geld sogleich
am Markt verkauft. Und ich bin reich!

Doch während er mit sich zufrieden
am Gucken ist und Pläne schmieden,

kommt ihm die Frage in den Sinn:
Wohin mit all dem Korn, wohin?

Die Scheune, wo ich bisher jährlich
die Ernte speich're, ist zu spärlich.

Zu klein für das, was ich jetzt hab'.
Ich reiße diesen Schuppen ab

und baue schnellstens dafür eine
viel größere und neue Scheune.

Das wird ein mut'ger Schritt nach vorn:
die Vorratshalle für mein Korn!

Noch vor der Ernte wird sie fertig!
Ich sehe sie schon gegenwärtig!

Die Augen über die fast reifen
verheißungsvollen Ähren schweifen,

sein innres Auge aber sieht,
was hoffentlich sehr bald geschieht:

auf hohem Dach vereint im Glanz
der Richtfest- und der Erntekranz.

Und er sieht schon in den Gedanken
die hochbelad'nen Wagen schwanken

durchs Tor, wo Säcke hundertfach
gelagert sind bis unters Dach.

Fahr'n leer hinaus die Erntewagen,
will er zu seiner Seele sagen:

Es ist geschafft! Ja, Seele, nun
ist reichlich Zeit, sich auszuruh'n!

Wir sind jetzt reich! Den Sekt entkorkt!
Du hast für Jahre ausgesorgt!

So wie, woran sein Aug' sich weidet,
vom innern Blick sich unterscheidet,

so ist's mit dem auch, was er hört.
Nach innen ist sein Sinn gekehrt.

In seinen Ohren rauscht der Wind.
Im innern Ohr Geräusche sind,

die sehr erschreckend sind und die
ihn reißen aus der Euphorie.

Er hört mit seinem innern Ohr,
wie Gott ihm sagt: Du bist ein Tor!

Du planst und planst, doch bei all jenen
hochtrabend großen Zukunftsplänen

hast du nur eines nicht bedacht.
Dies eine ist: Du stirbst heut' Nacht!

Du kannst dich nicht dagegen wehren.
Wem wird dann alles das gehören,

was du an Schätzen angehäuft,
wenn deine Uhr zu Ende läuft?

So geht es meist – nach Jesu Worten –
all denen, die hier Schätze horten.

Der Mensch nimmt nichts mit in den Tod,
ist er nicht reich in seinem Gott.

Lukas 12, 16–21

Das verlorene Schaf

Ein Hirt – bei Lukas steht's geschrieben –
hat seine Schafe heimgetrieben.

In einen Pferch sind sie getrottet,
den er dann gründlich abgeschottet.

Er nahm nicht an, es würd' eins fehlen –
trotzdem begann er nachzuzählen.

Er zählt und zählt ... und er erschrickt,
hat noch genauer hingeblickt.

„Bleibt doch mal steh'n! Denn euer Hirt
wird ja beim Zählen ganz verwirrt!"

Er zählt noch mal und denkt verwundert:
„Heut morgen waren es noch hundert!

Ich komm' auf neunundneunzig nur.
Nein, diese dumme Kreatur!

Muss von der Herde, meiner ganzen,
stets eines aus der Reihe tanzen?

Doch will ich schimpfen nicht, noch fluchen –
ich will zurück, um es zu suchen.

Hab' ja die Schafe alle lieb,
auch das, das in der Wüste blieb!"

Damit nicht noch mehr abgehau'n,
schließt er mit Sorgfalt seinen Zaun

und lässt die Herde dann alleine;
geht hin und sucht nur dieses eine.

Es eilte sehr – sein Schäfchen war
möglicherweise in Gefahr.

Durch einen Sturz kann's in dem steilen
Gebirge leicht der Tod ereilen.

Wahrscheinlich hat es sich verlaufen
und in der Wüste nichts zu saufen ...

Es liegt, vielleicht vor Durst umnachtet,
in einer Senke und verschmachtet ...

Vielleicht – denkt unser Hirt und zittert –
vielleicht hat es ein Wolf gewittert!

Vielleicht ist auch ein wilder Bär
schon hinter meinem Schäfchen her!

Vielleicht wurd' es auch unterdessen
von einem Leopard gefressen!

Die Angst beflügelt diesen Mann.
Er rennt, bis er fast nicht mehr kann,

den Weg zurück, den er genommen,
als mit der Herde er gekommen.

Und öfter muss erschöpft vom Laufen
er stehen bleiben und verschnaufen.

Laut ruft er – hoffend, dass sein Schaf
noch nicht ein größ're Unglück traf.

Horch! Da! Es ruft ganz in der Näh
ein ängstlich-dünnes Stimmchen: „Bäh!"

Er meint, es käme da von links.
Er rennt dahin. Dort allerdings

wird ziemlich dicht das Dorngeflecht.
Hier durchzukriechen geht sehr schlecht.

Ein neues „Bäh" ... Es kommt von vorn!
Ihn kümmert Nessel nicht noch Dorn,

er zwängt sich durch trotz Hindernissen,
Gewand und Haut sind bald zerrissen,

was ihn jedoch nur wenig kümmert –
ihm ist, als ob was Weißes schimmert

da, woher auch das Blöken kam!
Er jubelt laut: Es ist sein Lamm!

Voll Freude, aber mit Bedacht,
hat er das Schäfchen frei gemacht

von dem Gestrüpp, in dem verfangen
das arme Tier hat festgehangen.

Er zwängt sich durchs Gestrüpp zurück –
hebt hoch dabei das Tier voll Glück,

um 's nicht den Dornen auszusetzen
und so noch weiter zu verletzen –

zum Weg, wo er es tiefbewegt
auf seine starken Schultern legt.

Das Schaf, obwohl nicht mehr gefangen,
es blökt noch immer voller Bangen.

Sein Lammesherz ist tief erschüttert,
sodass es ängstlich blickt und zittert.

Dann aber, nach nur kurzer Zeit:
Die Angst weicht der Geborgenheit.

Der Hirte geht, nun ohne Hast,
den Weg zurück mit seiner Last.

Vom Himmel fällt die Abendkühle.
Warm aber sind des Lamms Gefühle.

Vor Ankunft bei den andern Schafen
ist es beruhigt eingeschlafen.

Der Hirte aber schläft nicht ein!
Er möchte, dass sich alle freu'n

mit ihm: die lieben Anverwandten,
die Nachbarn, Freunde und Bekannten.

Er jubelt's allen in die Ohren:
„Denkt euch: Mein Schäfchen war verloren!

Jetzt aber ist es wieder hier!
Frisch und gesund! Freut euch mit mir!"

Dies Gleichnis von dem guten Hirten,
der nach dem Schaf sucht, dem verirrten,

hat Jesus sich einst ausgedacht.
Und dabei hat er klar gemacht:

Wie bei des Hirten Freudentrubel
so ist im Himmel lauter Jubel

bei Gott und seiner Engelschar,
wenn einer, der verloren war,

des Hirten Stimme nicht gehört,
wenn der ist endlich umgekehrt

und heimgekehrt ins Vaterhaus.
Das löst im Himmel Jubel aus!

Lukas 15, 4–7

Vom verlorenen Groschen

Sie wollte ihre Kette tragen
nur an besondren Feiertagen.

Ein Brautschmuck war es eigentlich,
den damals sie voll Freude sich

und stolz um ihren Hals gehangen,
als sie zum Hochzeitsfest gegangen.

Als Schmuck- und Wertanlage noch –
war'n Silbermünzen mit 'nem Loch

ganz einfach aufgefädelt nur
auf einer festen Leinenschnur.

Doch wie das Unglück es dann wollte:
es riss die Schnur! Das Silber rollte

in alle Winkel, alle Ecken,
als wollt' es boshaft sich verstecken.

„O nein!", hat diese Frau geschrien,
und lag sogleich auf ihren Knien,

um teils mit Fingern, teils mit Besen
die Münzen wieder aufzulesen.

So unterm Tisch und unter Bänken,
auch unterm Bett und hinter Schränken,

bei diesem Möbel, jenem Ding
fand sie so manchen Silberling.

Sie legte sie zurecht und zählte –
und sah mit Schrecken: Einer fehlte!

Sie suchte weiter, kroch nun auch
an manchen Stellen auf dem Bauch.

Sie trug den Teppich vor das Haus,
doch keine Münze fiel heraus.

Recht dreckig war's und unbequem –
der Boden war ja nur aus Lehm.

Sie dachte, kriechend so auf Erden:
„Hier müsste mal gesäubert werden!"

Fand hinter Truhe oder Kiste
auch manches, was sie lang vermisste.

Nur ihre Münze fand sie nicht.
Und sie entzündete ein Licht,

um manchen Winkel auszuleuchten,
den Mopp und Besen nie erreichten.

Doch nein, die Münze war nicht da.
Die Ärmste war den Tränen nah.

Doch da entdeckt' sie, Gott sei Dank,
ganz hinten unterm Küchenschrank

ein Loch, das Mäuse oder Ratten
wohl heimlich dort gegraben hatten,

um sich gelegentlich, verstohlen,
hier manchen Speiserest zu holen.

Da blinkte es im Licht der Kerzen!
Tatsächlich pult' mit frohem Herzen

sie ihren Schatz aus diesem Loch,
kam staubig, aber glücklich hoch

und legt' die Münze zu dem Rest.
Dann – weil sich nicht verschweigen lässt,

was glücklich macht uns ganz tief innen –
sie rannte zu den Nachbarinnen.

Mit ungezähmtem Redeschwall
berichtete sie überall:

„Die Hochzeitskette ist zerrissen!
Ein Geldstück musste ich vermissen.

Die andern hatt' ich bald gefunden,
doch dieses eine blieb verschwunden!

Ich habe überall gesucht!
Wir sind nun mal nicht so betucht,

dass mir mein Mann könnt' ohn Bedenken
grad eine neue Kette schenken.

Auch ist ja dieses Stück durchdrungen
von köstlichen Erinnerungen.

So war die Kette nicht zu tragen.
Was würde wohl mein Gatte sagen?

Doch da, zum guten Schlusse, als
ich resigniert mit Kloß im Hals

schon im Begriff war aufzustecken –
da konnte ich das Ding entdecken!

Jetzt ist die Kette wieder voll.
Freut euch mit mir! Ist das nicht toll?"

So ist's – hat Jesus einst gelehrt –
wenn sich ein Mensch von Gott abkehrt

und lebt nun fern von ihm, versteckt,
fast unerreichbar und verdreckt.

Wenn der sich aber finden lässt –
im Himmel gibt's ein Freudenfest,

ein Händeklatschen, Musizieren,
ein Lachen, Singen, Jubilieren,

ein Jauchzen, Tanzen auch zugleich,
bis in dem weiten Himmelreich

der letzte Engel hat's vernommen:
Ein Sünder ist nach Haus gekommen!

Lukas 15, 8–10

Die verlorenen Söhne

Kennt ihr dies Gleichnis über jene
verschiedenen verlor'nen Söhne?

Wovon der Ältere wunderbar
treu, fleißig und gehorsam war,

der andre – deutlich unterschieden –
aufmüpfig, faul und unzufrieden.

Der nun – mit seinem frechen Sinn –
trat keck vor seinen Vater hin

und sprach: „Ich werd' bei deinem Sterben
ein Teil von deinem Gelde erben.

Du bist zwar immer noch am Leben,
doch sollst du es mir heut schon geben.

Es steht mir zu! Drum gib es her!
Mir stinkt's, ich bleibe hier nicht mehr."

Worauf ihm der, wenn auch betrübt,
ein stattliches Vermögen gibt.

Er denkt: „Der bleibt nicht unter Zwang.
So geh' das Schicksal seinen Gang!

Vielleicht wird ihn das Leben lehren,
voll Reue wieder heimzukehren?"

Mit so viel schönem Silbergeld
dacht' sich der Sohn: Was kost' die Welt!

Er packte seine sieben Sachen,
um froh sich auf den Weg zu machen.

Wohin? Er ließ sich einfach treiben.
Er wollte nirgends lange bleiben,

schon gar nicht hier. So trieb es ihn
allmählich fort, nach Süden hin,

wo er in einem fernen Land
auch Freundinnen und Freunde fand.

Mit denen hatt' er reichlich Spaß –
solange er noch Geld besaß.

Doch Spaß und auch die Freundschaft schwand
proportional zum Kontostand.

Der Beutel wurde langsam leer,
und schließlich hatt' er gar nichts mehr.

Die Freunde haben ihn verlassen –
es gab ja nun nichts mehr zu prassen.

So viel er auch zunächst besessen –
nun musst' er betteln um sein Essen.

Grad jetzt stürzt' eine Dürre diese
Region in eine Wirtschaftskrise.

Da ist's – das leuchtet jedem ein –
besonders schwierig, arm zu sein.

Er hungerte ganz fürchterlich.
Ein reicher Mann erbarmte sich,

'nen Mini-Job ihm anzubieten:
Er sollte ihm die Säue hüten.

So sehen wir ihn zwischen Schweinen
im Schlamme sitzend leise weinen.

Wie war er einst voll Lebenslust ...
jetzt nur voll Jammer, Leid und Frust!

Vorbei sind Lachen, Feste, Spaß!
Er sehnt sich nach dem Schweinefraß

vor lauter Hunger, bill'gen Schoten.
Doch die zu essen ist verboten.

Er kann nichts in den Magen kriegen,
und Geld und Kraft und Stolz versiegen.

Da fing er an, in sich zu geh'n:
„Wie war's bei meinem Vater schön!

Zwar gab's da manche Last zu tragen,
doch immerhin mit vollem Magen.

So manchem Knecht mit Tageslohn
geht's besser da als mir, dem Sohn.

Ich lag verkehrt. Ich seh' es ein.
Vielleicht wird Vater mir verzeih'n

und wird mich dann zu Hause weiter
beschäftigen als Fronarbeiter?"

Als er nach langer Wanderschaft
zerlumpt, am Ende seiner Kraft,

dem heimatlichen Hof kam nah,
der Vater ihn von weitem sah.

Er lief voll Freude zu ihm hin
und drückt' ihn an sich, küsste ihn

und nahm ihn auf mit off'nen Armen
voll Vaterliebe und Erbarmen.

Der Heimgekehrte, so umschlungen,
der stammelte Entschuldigungen.

„Ich hab' gesündigt. Ich seh's ein:
Ich bin nicht wert, dein Sohn zu sein."

Der Vater schleppte ihn ins Haus
und rief ein großes Feiern aus.

Er ließ sofort das Mastkalb schlachten,
was seine Knechte auch gleich machten.

Hat seine Lumpen, dünn, verdreckt,
gleich in den Küchenherd gesteckt.

Gewaschen stand der Sohn bald da
in einer edlen Tunika

und mit Sandalen an den Füßen,
als müsste er für gar nichts büßen.

Die Liebe noch viel weiter ging:
Er gab ihm den Familienring!

Erwies ihm so die Sohnesehre,
als wenn rein nichts gewesen wäre!

Inzwischen war der Mastkalbbraten
schön knusprig braun und gut geraten.

Es floss der Wein, es klangen wieder
die alten Volks- und Wanderlieder,

die Tenne war voll Kerzenglanz,
voll Bratenduft und Bauerntanz.

Der ält're Sohn war nicht anwesend.
Er hatte, fleißig Fallobst lesend,

weit weg vom Hof den Tag verbracht.
Jetzt kommt er heim, es ist bald Nacht.

Da hört er ungewohnte Klänge:
Gelächter, Jubeln und Gesänge.

Auch liegt ein zarter Bratenduft,
als er herankommt, in der Luft.

Da fragt er einen alten Knecht,
der grad vorbeikommt: „Hör ich recht?

Da singen sie! Was soll denn das?
Wird da gefeiert? Aber was?"

Der Knecht erklärt ihm, was geschah:
Sein Bruder sei nun wieder da,

der Vater freue sich so sehr
der unverhofften Wiederkehr.

Dann hat der Knecht ihn stehen lassen,
um ja vom Fest nichts zu verpassen.

Der Sohn ist wie vor'n Kopf geschlagen.
Der Ärger schlägt ihm auf den Magen,

und auf der Leber läuft 'ne Laus ...
Da kommt sein Vater zu ihm raus.

„Mein lieber Sohn, da bist du ja!
Dein Bruder ist nun wieder da!

Trotz seiner Schuld ist er mir teuer.
Das ist der Grund für diese Feier.

Komm, freue dich mit ihm und mir!"
„Dem Kerl gibst du ein Fest? Wofür?

Dafür dass er dein Geld genommen
und in der Welt herumgekommen?

Dass er uns hier im Stich gelassen,
das Geld mit Huren und mit Prassen

in seinem Leichtsinn durchgebracht?
Was hab' ich nur verkehrt gemacht,

dass du mich nie ein frohes Fest
mit meinen Freunden feiern lässt?

War's falsch, dir fleißig wie die Bienen
in Treue jahrelang zu dienen?

Hätt' ich, statt dir das Korn zu mähen,
statt hier zu pflanzen und zu säen,

zu pflügen deine Ackerschollen,
bei fremden Weibern liegen sollen?"

So schreit der Sohn und schäumt vor Wut.
Der Vater sagt: „Nein, es war gut,

dass du gewirkt mit Fleiß und Treue
seit Jahren, Tag für Tag aufs Neue.

Dein Korn, dein Acker war es wert –
weil mein Besitz auch dir gehört.

Hast du dein Werk zu Haus bereut?
Die Zeit – wie aller Menschen Zeit –

war sicherlich voll Wohl und Wehe.
Doch warst du stets in meiner Nähe.

Du hattest besser es als er.
Drum komm und ärger dich nicht mehr.

Im Gegenteil, du sollst dich freu'n!
Dein Bruder sah den Irrweg ein,

und wer das tut, der kann gesunden.
Er war verloren, ist gefunden.

Und darum freu' ich mich unbändig!
Tot war er, und ist nun lebendig."

Was man aus der Geschichte lernt?
Tot ist, wer sich von Gott entfernt.

Doch wer von Unglaub und von Sünden
sich abkehrt, kann nach Hause finden.

Gott nimmt ihn mit Erbarmen an.
Wer meint, er hätt' stets recht getan

und Umkehr, die erübrigt sich –
ein solcher Mensch hat weder sich

noch Gottes Wesen je verstanden
noch andre, die zum Vater fanden.

Lukas 15, 11–32

Die bittende Witwe

In einem Städtchen, abgelegen,
erreichbar nur auf schlechten Wegen,

sodass, weil die Provinz so tief,
sich nie ein Fremder her verlief,

da sagten abends um halb acht
sich Fuchs und Hase gute Nacht.

Nun kann ein Nest, sei's noch so klein,
nicht ohn' lokale Größen sein.

Ein Ort, sei er noch so verloren,
braucht trotzdem Honoratioren.

Ein Richter war's in diesem Falle,
und ausgeliefert war'n ihm alle.

Willkürlich hat er Recht gesprochen.
Leicht fiel's ihm, jemand einzulochen

im Knast bei Wasser und bei Brot,
wenn der ihm nicht genügend bot.

Wobei es völlig kalt ihn ließ,
ob der die Unschuld ihm bewies.

Hat einer reichlich hingeblecht,
sprach er zu seinen Gunsten Recht.

So hat in ungestörter Ruh
– die Hände auf, die Augen zu –

er die Gerechtigkeit verletzt.
Es war ihm niemand vorgesetzt,

und keinen Chef gab's, den das juckte
und der ihm auf die Finger guckte.

Die armen Leute hatten's schwer,
die reichen gut. So macht sich der

Magister der Jurisprudenz
jahrzehntelang 'nen schönen Lenz.

Nun lebte eine arme Frau
im Ort, der ging es ziemlich mau,

weil ihr im vor-vorletzten Jahr
ihr Ehemann gestorben war.

Die kleinen Kinder, die sie hat
– drei an der Zahl – sind selten satt.

Die einz'gen Kleider sind zerrissen.
Sie gehen nur mit nackten Füßen.

Sie hat ja weder Lohn noch Rente,
sodass sie sich was kaufen könnte.

Ein Gärtchen nur beliefert diese
Familie spärlich mit Gemüse.

Doch in dem Häuschen nebenan
wohnt ein besonders übler Mann,

der ihre Kohl- und Kräuterbeete
am liebsten für sich selber hätte.

Er knurrt: „Hör', Frau, ich sage dir:
Der Garten, der gehört jetzt mir.

Dein Mann, der hatte bei mir Schulden.
Ich will mich länger nicht gedulden,

auf Zahlungen von dir zu warten.
Drum nehm' ich mir dafür den Garten.

Quitt sind wir, wenn ich ihn genommen.
Da bist du noch gut weggekommen!"

Die Frau kriegt einen Riesenschreck.
„Du nimmst mir nicht den Garten weg!

Auch stimmt nicht, dass ich Schulden hatte!
Nicht ich und nicht mein Ehegatte!

Das sind doch alles freche Lügen!
Du willst mich um mein Land betrügen!

Das lass' ich nicht mit mir geschehn!",
spricht sie und lässt ihn einfach stehn.

Jedoch der gierig-dreiste Mann
lässt nicht so schnell von seinem Plan.

Er weiß, er sitzt am längern Hebel.
Fängt an, den Zaun bei Nacht und Nebel

auf seiner Seite abzureißen,
die Bohnenstangen umzuschmeißen,

was Frau und Kinder nicht entfernten,
ganz einfach für sich selbst zu ernten.

Dann kommt doch dieser Übeltäter
mit einem riesengroßen Köter

und kettet ihn dort an den Zaun.
Das hindert ihn dran abzuhau'n,

und hindert andre, ungebeten
den ganzen Garten zu betreten.

Was er bewacht an langer Leine,
das sieht der Kerl nun als das Seine.

Die Witwe, als sie dieses sah,
war wütend und den Tränen nah.

Ohnmächtig fing sie an zu klagen:
„Ich werde es dem Richter sagen!"

Dem bösen Nachbarn aber machte
das keine Angst, sodass er lachte:

„Meinst du", so sprach er ungeniert,
„dass der für dich 'nen Finger rührt?

Womit willst du ihn denn bestechen
und nötigen, dir Recht zu sprechen?

Wenn jemand nicht bezahlen kann,
dann rührt der keine Akte an!

Und sollt' es wirklich dir gelingen,
Bestechungsgeld herbeizubringen,

genug, dass er zufrieden wär' –
dann kriegt er halt von mir noch mehr!"

Sie sprach: „Das könnte dir so passen!
Das werd' ich mir nicht bieten lassen!"

So sagte diese Witwe zwar,
doch war ihr insgeheim schon klar:

Was der da sagt, ist nicht verkehrt.
Sie hatte längst davon gehört,

der Richter sei sehr faul und gierig,
und Recht zu kriegen, sei sehr schwierig.

Was soll's? Sie musste es probieren,
und weigert' sich zu resignieren.

Das Haus des Richters war verschlossen.
Sie klopfte laut. Da steckt verdrossen

den Kopf heraus ein alter Knecht.
„Hau ab! Der Richter spricht grad Recht!"

Was aber nicht die Wahrheit traf –
der Richter war beim Mittagsschlaf:

Wie Bäumesägen oder schlimmer
drang Schnarchen aus dem Hinterzimmer.

„Ich muss ihn sprechen! Es ist dringend!",
rief da die Witwe händeringend.

Und wie sie dies so laut gesprochen,
war schon das Schnarchen unterbrochen,

der Richter demnach aufgeweckt.
Das hatte sie damit bezweckt.

Der Richter kam erbost zur Tür.
„Was soll der Lärm? Was willst du hier?“

„Recht will ich, und du sollst's besorgen!“
„Das geht jetzt nicht. Hau ab! Komm morgen!“

Und ohne jedes weit're Fragen
wurd' laut die Türe zugeschlagen.

Am nächsten Morgen, schon beizeiten,
macht sie erneut ihm Schwierigkeiten.

Sie klopft und ruft, sie lärmt und fleht,
bis endlich doch die Tür aufgeht.

Die Frau beginnt mit dem Bericht.
Jedoch der Richter unterbricht,

eh' sie zu Ende hat erzählt,
ganz ungeduldig: „Hast du Geld?“

„Geld nicht“, spricht sie, „doch hab' ich Recht!“
„Oh“, knurrt der Richter, „das ist schlecht.

Kann dir nicht helfen angesichts
der Armut. Ohne Geld läuft nichts!“

Was soll die arme Frau denn nun
zur Rettung der Familie tun?

Damit die Kinder nicht verhungern,
bleibt ihr nur, hier herumzulungern.

Dann kriegt sie sicher auch mal mit,
wenn jener aus dem Hause tritt.

So kommt's. Der Richter will 'ne Runde
spazieren geh'n zur Abendstunde.

Da stürzt die Witwe auf ihn zu
und sagt: „Herr Richter, wann wirst du,

statt deine Geldgier nur zu stillen,
denn endlich deine Pflicht erfüllen?"

Sie appelliert, sie fleht, sie schreit.
Genervt von so viel Dreistigkeit

versucht der Mann, ihr zu entflieh'n.
Ganz eng jedoch verfolgt sie ihn,

sie hängt an ihm wie eine Klette
und sagt ihm, dass die Pflicht er hätte,

fleht, dass – wenn die ihm nichts bedeute –
ihn wenigstens Erbarmen leite.

Die Leute gucken. Es wird peinlich.
Die wird er nie los, höchstwahrscheinlich!

Am liebsten würde er sie schlagen!
Als Richter kann er das nicht wagen ...

So leidet er, statt sie zu boxen.
Dann kehrt er noch im „Roten Ochsen“

kurz ein zu einem Abendtrunk.
Auch hier macht jene Witwe Stunk,

und statt vergnügtem „Hoch die Tassen“
muss er den Stammtisch bald verlassen.

Jedoch ist dann am nächsten Tage
noch nicht zu Ende seine Plage.

Die Frau hat morgens, kurz vor acht,
zwei von drei Kindern mitgebracht.

Nun steh'n den ganzen Tag die Kleinen
vor seinem schönen Haus und weinen.

Dies – mit der Witwe Fleh'n und Klagen –
schlägt ihm allmählich auf den Magen.

Er schickt den Knecht, sie zu vertreiben,
doch nützt es nichts, die Leute bleiben.

Weil sie an seinen Nerven sägen,
beginnt der Mann zu überlegen:

Die Müh, sich ihrer zu erwehren,
ist mehr, als sie sich anzuhören.

Er gibt ihr 'nen Gerichtstermin.
Die arme Witwe nutzte ihn.

Recht ward gesprochen und geschrieben,
der böse Nachbar wurd vertrieben

und auch verpflichtet und belehrt,
zu reparier'n, was er zerstört.

Das tat er mit 'nem sehr unwirschen
Geknurre und mit Zähneknirschen.

Die Frau war froh, der Feind bezwungen,
der Richter redlich – notgedrungen.

Wenn schon der Mann, der hier beschrieben,
der armen Witwe Feind vertrieben,

weil die sich lästig an ihn hängte
und immer wieder ihn bedrängte –

wie sollte Gott nicht Hilf' gewähren,
wenn wir ihn mit Vertrauen ehren!

Er ist gerecht, ganz unbestritten,
und froh, wenn wir beständig bitten.

Klar, dass wir seine Hilfe kriegen,
wenn wir ihm in den Ohren liegen.

Lukas 18, 1–8

Ludwig Burgdörfer

Wie der Zitronenfalter die Zitrone faltet

Heiter-Nachdenkliches
über Gott und die Welt

160 Seiten, Taschenbuch
ISBN 978-3-7655-4172-8

Jeder kennt das: Sonntagsfahrer halten den ganzen Betrieb auf! Sie fahren tatsächlich, wenn auch nur sehr langsam. Der Autor hat dadurch jedoch ungewöhnliche Beobachtungen gemacht: Als nachfolgender Fahrer konnte er in aller Ruhe ansehen, wie am Wegrand der Zitronenfalter die Zitronen faltet. Somit ernennt er die Sonntagsfahrer ab sofort zu „Entschleunigungsbeauftragten“. Die helfen jetzt, das Leben mal aus einer gelassenen Perspektive zu betrachten. – Unterhaltsam-inspirierende Erfahrungen und Anstöße über Gott und die Welt.

BRUNNEN VERLAG GIESSEN
www.brunnen-verlag.de

Hinrich C.G. Westphal

Heiter bis heilig

80 Seiten, gebunden
ISBN 978-3-7655-1400-5

Humor ist ein besonderes Geschenk des Himmels. Und wer sogar über sich selbst lachen kann, lebt einfach besser und gesünder.

Hinrich C. G. Westphal hat Witze und Anekdoten gesammelt: über Gott und die Welt, Bischöfe, arme Sünder und ganz normale Christen, über menschliche Schwächen, heitere Denkzettel und göttliche Geistesblitze … Jedes der 7 Kapitel wird durch einige kurze Überlegungen des Herausgebers eingeleitet, warum Christen (wirklich) Grund zum Lachen haben.

Mit treffenden Karikaturen von Johannes Töws.

Albrecht Gralle

Ich bin's nur – Gott!

Unverschämte Gespräche
mit meinem Schöpfer

112, Seiten, Taschenbuch
ISBN 978-3-7655-4189-6

Gralles Hauptfigur sitzt im Zug und schmökert in „Don Camillo", als er plötzlich Gott zu sich reden hört – laut und deutlich! Anfangs noch etwas verdutzt, gewöhnt er sich schnell daran, mit seinem Schöpfer zu plaudern. Mutig und ideenreich konfrontiert er Gott mit allen Fragen, die er ihm schon immer mal stellen wollte: Wozu ist eigentlich Unkraut gut? Liebt Gott auch Anzugträger? Wie ist das mit der göttlichen Allmacht? Und wie sieht so eine Freundschaft zum Schöpfer überhaupt aus?

Schnell zeigt sich, wie spaßig, skurril und erkenntnisreich es ist, sich auf solch eine Unterhaltung einzulassen. Denn: Keine Frage ist zu unverschämt für Gott, dem es nicht an Schlagfertigkeit mangelt …

BRUNNEN VERLAG GIESSEN
www.brunnen-verlag.de